本書係「敦煌文獻系統性保護整理出版工程」項目成果

二〇二一—二〇三五年國家古籍工作規劃重點出版項目

「十四五」國家重點出版物出版規劃項目

國家古籍整理出版專項經費資助項目

中國國家圖書館藏
敦煌文獻

中國國家圖書館 編

第三五册

BD00478 ~ BD00490

國家圖書館出版社

DUNHUANG MANUSCRIPTS IN THE NATIONAL LIBRARY OF CHINA

035

BD00478 ~ BD00490

compiled by the

National Library of China

National Library of China Publishing House

顧　問　方廣錩　郝春文　榮新江　李際寧

編纂出版　張志清　魏　崇　陳紅彥　殷夢霞　薩仁高娃
　　　　　謝冬榮　劉　波　林世田　廖生訓

編　纂　林世田　薩仁高娃　常蓋心　于　瑞　劉毅超
　　　　劉　波　劉炳梅　周升川　劉　婷　程佳羽
　　　　沈艷麗　高　雅

編　輯　潘　竹　程魯潔　黃　鑫　苗文葉

審　稿　孫　彥　宋志英　鄧咏秋

凡例

一　本書刊布中國國家圖書館藏敦煌文獻，以館藏編號爲序編排。

二　館藏編號采用「BD+流水號」格式，如BD00001, BD16579等。背面在編號後加v表示。一個編號包含多件文獻者，編號後分别綴以字母A, B, C等。一件文獻含有多個内容者，以數字-1, -2, -3等標明順序。

三　圖版有縮印或放大處另加説明，尺寸超出本書幅面的以摺葉形式呈現。

四　卷軸裝、梵夾裝、經摺裝等裝幀形制的敦煌文獻，各附外觀圖像。

五　每件文獻依次呈現外觀、正面、背面等。背面僅刊布有文字、圖像或其他要素的圖版，而略去素紙部分，背面圖版同樣以從右到左順序編排。凡有外題者，遵從以上原則。

六　除個别特殊情況外，爲保證閱讀連貫、流暢，圖版儘量通欄呈現。

七　各葉上方附該件文獻全圖，以高亮形式顯示本葉大圖在全卷中的位置。部分長卷文獻全圖衹能分多段呈現時，在上段末以〈符標示下段接續。卷尾内容不足一葉時，文獻全圖使用該圖卷尾部分，亦以〈符標示。背面圖版文字與正面文字方向相反時，文獻全圖按原貌顯示，正文翻轉呈現，以便閱讀研究，用↻符標示。

八　文獻題名大體沿用中國國家圖書館此前所編多部敦煌文獻目録的考證，部分吸收學界最新研究成果略作調整和完善。文獻題名綜合參考原卷首題、尾題、外題確定，如原卷題名與該文獻正式名稱不同，則采用正式名稱；無題名者，或比定題名，或擬定新名。非漢文文獻在題名前標注語種。有分卷不同等其他情況者，括注於文獻名稱後。

九　本書著録使用通行繁體字，涉及原文中的人名、地名等，必要時保留原字形。

About this publication

1. The documents are presented in shelfmark order.
2. The shelfmarks are in the form BD plus a running number, eg. BD00001, BD16579, &c. If a given shelfmark contains multiple documents, these are distinguished by the letters A, B, C, &c. If a document has multiple contents, they are distinguished by the numbering 1, 2, 3, &c. The verso side of an item is indicated by the letter v.
3. If it has been necessary to reduce or enlarge the size of an illustration, the dimensions are indicated. If the size of an illustration exceeds the size of the book, a folding sheet is used.
4. If the document is a scroll, a folded sutra, or has a stitched binding, a picture of the whole object is provided to show its external appearance.
5. The cover, front, and back of each document are reproduced in sequence. The back of a document is only reproduced if it contains text, illustrations, or other markings, and it is oriented from right to left. If it is blank it is not reproduced.
6. Except in a few special cases, the lines of text are reproduced unbroken to make them coherent and easier to read.
7. An illustration of the complete document is reproduced at the top of each page, and the section where the main illustration appears is highlighted in order to indicate its position. If it has only been possible to reproduce a long scroll in sections, the direction symbol has been used to indicate where one illustration ends and the next one begins. If the end of the scroll occupies less than one page, the direction symbol is used to indicate its position in the illustration of the complete document. If the text on the back of the document has a different orientation from the text on the front, it is reproduced as it is, but is also rotated (indicated with the rotation symbol) so that it can be read easily.
8. The titles of the documents generally conform with those already established by the Library, but in some cases have been amended by drawing on the most recent scholarly research. The titles are derived firstly from the beginning of the text, then from the end of the text, and lastly from the cover. If the title of a document differs from its authoritative form, the authoritative form is used; and if a document has no title, one is either supplied by comparison with similar documents, or a new one is devised. If the document is not in Chinese, its language is indicated before the title. If the number of juan is different from that of the authoritative version, or if there are other irregularities, this is noted.
9. The documents in the book are in traditional Chinese characters. Where the title contains personal or place names, the original characters used for these names are retained.

(Translated by David Helliwell)

第三五册目録

凡　例　一

About this publication　三

BD00478-1　沙彌尼十戒法并七十二威儀（擬）　二

BD00478-2　沙彌十戒法并威儀　三

BD00479　維摩詰所説經卷下　一二

BD00480-1　金剛般若波羅蜜經　四〇

BD00480-2　金剛經陀羅尼神咒　四七

BD00481　金光明最勝王經卷二　五〇

BD00481v　雜寫　七八

BD00482　維摩詰所説經卷下　八〇

BD00483 金光明最勝王經卷九 一一八
BD00484 妙法蓮華經卷四 一五〇
BD00485-1 大乘稻芉經 一七二
BD00485-2 妙法蓮華經卷七 一七五
BD00485v 雜寫 一八二
BD00486 金剛般若波羅蜜經 一八四
BD00487 金光明最勝王經卷二 一八八
BD00488 妙法蓮華經卷七 二一六
BD00489 金光明經卷四 二三〇
BD00490 大乘百法明門論開宗義決 二六四
BD00490v 陰陽六十甲子 二六八

BD00478-1 沙彌尼十戒法并七十二威儀（擬）

BD00478-2 沙彌十戒法并威儀

180cm × 27cm

七十二威儀一卷 依諸經論等集

有此云息惡行慈故曰沙弥尼息於十惡

古學十戒一爲慈念衆生故而不煞生此是衆戒

根本應護持之若故煞人得受大戒若煞一畜生

等志心懺悔得滅 二爲饒益有情故不偷盜若

物若獲寶但直五錢已上不得受大戒若滅五錢

若盜非人畜生等物志心懺悔得滅 三不淫欲爲

淨梵行故若犯人男女若非人男女若畜生男女若

己身亦不得受大戒若犯觸等志心懺悔得滅

四不妄語離口故過詐稱得聖道若以重事謗清淨

人誑惑欺詐其罪難懺若小妄語志心懺悔得滅

五不飲酒食宍雜愚癡故酒性難發大煩惱乱人

心性改人道心多開衆過之門若酒入腹護戒心奪

自制不得故宜將防不服狂藥　六不得花鬘香油
晧粉塗身為雜放逸莊飾華絶變已其身內懷
染著情惑亂道　七不得歌舞唱伎故往觀聽為
雜散亂習近戲喜莊縱身口外恣蕩逸道心浮散
八不坐高廣大床為息遨傷自處於高情存欺物
无謙下心去道甚遠　九不非時食濟命養道
宜須應法貪味不絶致患妨道
十不捉生為金銀錢寶為雜什聚供身之具僞
素為階弥非玩服故教不捉也
沙弥十戒法并威儀一卷
佛諸舍利弗汝去度羅睺羅出家舍利弗言我
當云何度佛教言我羅睺羅歸依佛歸依法
歸依僧我乞歸依佛竟歸依僧法竟歸依僧竟
盡形壽不煞生盡形壽不盜盡形壽不邪婬

BD00478-1　沙彌尼十戒法并七十二威儀（擬）　　BD00478-2　沙彌十戒法并威儀

歸依僧我厶乙歸依佛竟歸依法竟歸依僧竟
盡形壽不煞生盡形壽不盜盡形壽不邪婬
盡形壽不妄語盡形壽不飲酒佛婆伽婆出家我
厶乙因和上隨佛出家捨俗服著袈裟佛婆
伽婆我厶乙因和上隨佛出家舍俗服著袈裟盡
形壽不煞生持沙弥戒盡形壽不盜持沙弥戒盡形壽不婬
欲持沙弥戒盡形壽不妄語持沙弥戒盡形壽不飲酒持沙
弥戒盡形壽不著花鬘瓔珞香油塗身持沙弥戒盡形壽
不歌儛作樂故往觀聽持沙弥戒盡形壽不坐高廣大床
持沙弥戒盡形壽不非時食持沙弥戒盡形壽不捉持
生像金銀寶物持沙弥戒汝今已受十戒竟當盡形壽頂
戴奉持終身不得犯應供養三寶和上阿闍梨一切如法教
不得違逆上中下坐心常供敬勤求方便坐禪誦経學
問勸助作福閉三惡道開涅槃门於比丘法中增長正
業得四道果沙弥沙弥之戒盡形壽不得殘煞傷害人物

當念所生及師友恩精進行道欲度父母塡無涅欲
推直於人引曲向己還非蠢蝡動蠕行之類無所尅傷施恩
濟之使其得安心念為人言無反煞見煞不食聞聲
不食疑煞不食若見煞特當起慈心誓吾得
道國無煞者草木不用慎無殘傷有犯斯戒
非沙弥也沙弥之戒盡形壽不得偷盜非合殊兩
一无取人心存于義口不教取敢賣僕使奴婢
借債同客或有惠施一不得取无服飾珎玩
高床為帳衣取弊形無已文綵食取支命不
得奢味無得貯畜榮粮藏積錢寶人与不受
則不留摶濟窮乏常為人說不誅之德寡就
斷手不取非時財有犯斯戒非沙弥也
沙弥之戒盡形壽不得有婦畜養繼嗣房院
女色禁閑六情莫觀靡色目不瞻盼心无念婬口无言

女色禁閑六情莫觀靡色目不矚眄心无念婬口无言
調花香晌粉无以近身好聲邪色一无視聽摩破
骨碎心焚燒身軀不得爲嬈雖處婬室而
生俗穢不如貞潔而死有犯斯戒非沙弥也
沙弥之戒盡形壽誠信爲本不得兩舌惡罵妄言
綺語前譽後毀讒人罪條言持正無虛人矩爲
人說法私合義理見有諍者兩說和善夫事處
世付付在口患所以圻身由其惡言不慎言者非沙
弥也
沙弥之戒盡形壽不得飲酒无得嘗
酒无得醱酒亦无粥酒飲藥酒无上酒舍酒爲
毒水衆失之源殘賢鬷聖招致禍殃四等枯朽去
福就罪靡不由之寧飲鎔銅慎无犯酒有犯斯戒
非沙弥也
沙弥之戒盡形壽不得類兵使手執
利器畜養六畜籠繫飛鳥車輦騎乘杖心逐意

馳騁遊獵彈射禽獸无得放犬捕山澤傷害衆
生无得軋決狐池擾塞流瀆湊溝網魚殘害水性有
犯斯戒非沙弥也〻　沙弥之戒盡形壽不得習弄
奇房擾浦博塞爭於勝負弄倡調戲吟詠呼
音手執樂器琴瑟箜篌箏笛呺哇以乱道意無得貇
極山澤耕犂田畝欲待園補種植五穀繫車駕任於是
販賣共百姓爭利有犯斯戒非沙弥也
沙弥之戒盡形不得學習伎藝醫方蠱道時日卜述
占相吉凶仰觀星宿推步盈虛日月博蝕星宿變拔山
崩地動風雨汗澇歲熟不熟有疫一不得論說國家
政事平良憂苦出軍行師攻罰勝負有犯斯戒非沙弥也
沙弥之戒盡形壽男女有别居不同寺即不相尋無觚
車居載逐無道談若持異見祭視之遠嫌避疑書使
往来更斷積貯剝浣澤衣服及使乞求彼若患已示

草屋蕭迸無道言者[illegible]
往来更斬積財割就澤衣服及仗上衣彼若患已亦
不疑受若欲往時必須耆年填无獨行无上坐宿
有犯斯戒非沙弥也　沙弥之戒盡形壽非
賢不交非聖不宗不孝之子屠兒獵者偷盗者
酒之徒止取邪靡履行山險不得交由往来之蹔還
尉横道行法眼應器常与身俱非時不食非法
不　食即无言卧即无談精懃思義温故知新也
則禪思起即諷誦戒行如是真佛弟子
誦戒已了說威儀敬法已受沙弥十戒為賢者道入教之
當用漸漸精從小起當知威儀施行所應當知和上幾歲三師
名字當教識知初受戒時歲日月數當知事和上有幾事
亦當亦當知随事阿闍梨有幾事亦當知給楊枝澡水
有幾事亦當知授袈裟攝袈裟又持鉢有幾事与和
上阿闍梨俱應請時君至國王家時若至迦羅檀越家時

若達坐飯時若別坐飯時若俱入城乞食時若俱還時
至故處時若至水邊時若道邊時若樹下飯時若自
先去住相待時若合鉢食時若博貸鉢飯時若俱去
對飯時若前後飯時若飯已澡漱時若澡鉢去時各
當具知幾事當知給衆僧作有時各當具知有幾
事年齒廿欲受具足戒時今受鄉具足戒者今受
鄉具足戒者人為佛法異行沙門異俗不知佛道至
妙羅福運行法律教年已示數日之中相示教當先聞
設能具對餘如法者三師異無得耳
師教沙弥有五事一者當當敬大沙門二者不得呼
[illegible]時不得轉行說四者

BD00479

維摩詰所説經卷下

（後秦）鳩摩羅什 譯

616.5cm × 26cm

……毀禁以忍……精進攝
……禪定攝亂意以智……攝愚癡說除
法度八難者以大乘法度樂小乘者以諸
根濟无德者常以四攝成就衆生是爲十彼菩
薩曰菩薩成就幾法於此世界行无瘡疣生
于淨土維摩詰言菩薩成就八法於此世界行
无瘡疣生于淨土何等爲八饒益衆生而不
望報代一切衆生受諸苦惱所作功德盡
以施之等心衆生謙下无礙……菩薩視之
如佛所未聞經聞之不疑……聲聞而相違
背不嫉彼供不高己利而於其中調伏其心
常省己過不訟彼短恒以一心求諸功德是
爲八維摩詰文殊師利於大衆中說是法時

百千天人皆發阿耨多羅三藐三菩提心十千
菩薩得无生法忍
菩薩行品第十一
是時佛說法於菴羅樹園其地忽然廣博
嚴事一切衆會皆作金色阿難白佛言世尊以
何因緣有此瑞應是處忽然廣博嚴事一切
衆會皆作金色佛告阿難是維摩詰文殊師
利與諸大衆恭敬圍遶發意欲來故先為此
瑞應於是維摩詰語文殊師利可共見佛與
諸菩薩礼事供養文殊師利言善哉行矣
今正是時維摩詰即以神力持諸大衆并師
子座置於右掌往詣佛所到已著地稽首佛
足右遶七迊一心合掌在一面立其諸菩薩即
皆避坐稽首佛足亦遶七迊於一面立諸大

皆避坐稽首佛足亦遶七匝於一面立諸大
弟子釋梵四天王等亦皆避坐稽首佛足在
一面立於是世尊如法慰問諸菩薩已各令復
坐即皆受教眾坐已定佛語舍利弗汝見
菩薩大士自在神力之所為乎唯然已見於
汝意云何世尊我覩其為不可思議非意所
圖非度所測尒時阿難白佛言世尊今所聞香
自昔未有是為何香佛告阿難是彼菩薩毛
孔之香於是舍利弗語阿難言我等毛孔亦
出是香阿難言此所從來曰是長者維摩詰
從眾香國取佛餘飯於舍食者一切毛孔皆
香若此阿難問維摩詰是香氣住當久如維
摩詰言至此飯消曰此飯久如當消曰此飯勢
力至于七日然後乃消又阿難若聲聞人

未入正位食此飯者得入正位然後乃消已
入正位食此飯者得心解脫然後乃消若未
發大乘意食此飯者至發意乃消已發意食
此飯者得无生忍然後乃消已得无生忍食
此飯者至一生補處然後乃消譬如有藥名
曰上味其有服者身諸毒滅然後乃消此飯
如是滅除一切諸煩惱毒然後乃消阿難白
佛言未曾有也世尊如此香飯能作佛事佛
言如是如是阿難或有佛土以佛光明而作佛
事有以諸菩薩而作佛事有以佛所化人而
作佛事有以菩提樹而作佛事有以佛衣
服卧具而作佛事有以飯食而作佛事有以
園林臺觀而作佛事有以三十二相八十隨
形好而作佛事有以佛身而作佛事有以虛

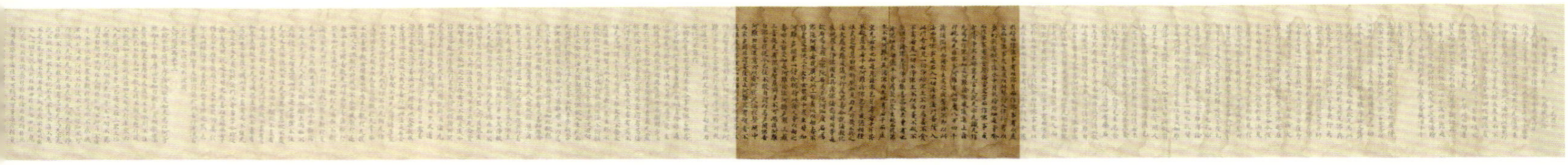

形好而作佛事有以佛身而作佛事有以虛
空而作佛事衆生應以此緣得入律行有以
夢幻影響鏡中像水中月熱時焰如是等喻
而作佛事有以音聲語言文字而作佛事或
有清淨佛土寂寞无言无說无示无識无作
无爲而作佛事如是阿難諸佛威儀進止諸
所施爲无非佛事阿難有此四魔八万四千
諸煩惱門而諸衆生爲之疲勞諸佛即以此
法而作佛事是名入一切諸佛法門菩薩入
此門者若見一切淨妙佛土不以爲喜不貪
不高若見一切不淨佛土不以爲憂不礙不
沒但於諸佛土清淨心歡喜恭敬未曾有也
諸佛如來功德平等爲教化衆生故而現佛
土不同阿難汝見諸佛國土地有若干而虛

空无若干世如是見諸佛色身有若干耳其
無礙慧無若干也阿難諸佛色身威德相種
姓戒定智慧解脫解脫知見力无所畏不共之
法大慈大悲威儀所行及其壽命說法教化
成就衆生淨佛國土具諸佛法悉皆同等是
故名為三藐三佛陁名為多陁阿伽度名為
佛陁阿難若我廣說此三句義汝以劫壽不
能盡受正使三千大千世界滿中衆生皆如
阿難多聞第一得念揔持此諸人等以劫之
壽亦不能受如是阿難諸佛阿耨多羅三藐
三菩提无有限量智慧辯才不可思議阿難
白佛言我從今已往不敢自謂以為多聞佛告
阿難勿起退意所以者何我說汝於聲聞中
為最多聞非謂菩薩且止阿難其有智者不
應限度諸菩薩也一切海淵尚可測量菩薩

阿難勿起退意所以者何我說汝於聲聞中
爲最多聞非謂菩薩且止阿難其有智者不
應限度諸菩薩也一切海淵尚可測量菩薩
禪定智慧揔持辯才一切功德不可量也阿
難汝等捨置菩薩所行是維摩詰一時所現
神通之力一切聲聞辟支佛於百千劫盡力
變化所不能作
尒時衆香世界菩薩來者合掌白佛言世尊
我等初見此土生下劣想今自悔責捨離是
心所以者何諸佛方便不可思議爲度衆生
故隨其所應現佛國異唯然世尊願賜少法
還於本土當念如來佛告諸菩薩有盡无盡
解脫法門汝等當學何謂爲盡謂有爲法
何謂无盡謂无爲法如菩薩者不盡有爲不
住无爲何謂不盡有爲謂不離大慈不捨大

悲深發一切智心而不忽忘教化衆生終不
猒倦於四攝法常念慎行護持正法不惜軀
命種諸善根无有疲猒志常安住方便迴向
求法不懈說法无悋勤供諸佛故入生死而
无所畏於諸榮辱心无憂喜不輕未學敬學
如佛隨煩惱者令發正念於遠離樂不以為
貴不著己樂慶於彼樂在諸禪定如地獄想
於生死中如園觀想見來求者為善師想捨
諸所有具一切智想見毀戒人起救護想諸
波羅蜜為父母想道品之法為眷屬想發行善
根无有齊限以諸淨國嚴飾之事成己佛土
行不限施具足相好除一切惡淨身口意淨故
生死无數劫意而有勇聞佛无量德志而不
倦以智慧劍破煩惱賊出陰界入荷負衆生
永使解脫以大精進摧伏魔軍常求无念實

生死无數劫意而有勇聞佛无量德志而不
惓以智慧劒破煩惱賊出陰界入荷負衆生
永使解脫以大精進摧伏魔軍常求无念實
相智慧行少欲知足而不捨世法不壞威儀而
能隨俗起神通慧引導衆生得念揔持所聞
不忘善別諸根斷衆生疑以樂說辯演法无
礙淨十善道受天人福脩四无量開梵天道
勸請說法隨喜讚善得佛音聲身口意善
得佛威儀深脩善法所行轉勝以大乘教成
菩薩僧心無放逸不失衆善行如此法是名菩
薩不盡有為何謂菩薩不住无為謂脩學空
不以空為證脩學无相无作不以无相无作
為證脩學无起不以无起為證觀於无常而
不猒善本觀世間苦而不惡生死觀於无我
而誨人不倦觀於寂滅而不永寂滅觀於遠

離而身心脩善觀无所歸而趣善法觀於
無生而以生法荷負一切觀於无漏而不斷
諸漏觀无所行而以行法教化衆生觀於空
无而不捨大悲觀正法位而不隨小乘觀諸
法虛妄无牢无人无主无相本願未滿而不
虛福德禪定智慧脩如此法是名菩薩不住
无爲又具福德故不住无爲具智慧故不盡
有爲大慈悲故不住无爲滿本願故不盡有
爲集法藥故不住无爲隨授藥故不盡有爲
知衆生病故不住无爲滅衆生病故不盡有
爲諸正士菩薩已脩此法不盡有爲不住无
爲是名盡无盡解脫法門汝等當學尒時彼
諸菩薩聞說是法皆大歡喜以衆妙華若干
種色若干種香散遍三千大千世界供養於

BD00479　維摩詰所説經卷下

種色若干種香散遍三千大千世界供養於
佛及此經法并諸菩薩已稽首佛足歎未
曾有言釋迦牟尼佛乃能於此善行方便言
已忽然不現還到彼國

見阿閦佛品第十二

尒時世尊問維摩詰汝欲見如來爲以何等
觀如來乎維摩詰言如自觀身實相觀佛亦
然我觀如來前際不來後際不去今則不住
不觀色不觀色如不觀色性不觀受想行識
不觀識如不觀識性非四大起同於虛空六
入无積眼耳鼻舌身心已過不在三界三垢
已離順三脫門三明與无明等不一相不異
相不自相不他相非无相非取相不此岸不彼
岸不中流而化衆生觀於寂滅亦不永滅
不此不彼不以此不以彼不可以智知不可

以識識无晦无明无名无相无強无弱非淨
非穢不在方不離方非有為非无為无示无
說不施不慳不戒不犯不忍不恚不進不怠
不定不亂不智不愚不成不欺不來不去不出
不入一切言說道斷非福田非不福田非應
供養非不應供養非取非捨非有相非無
相同真際等法性不可稱不可量過諸稱量
非大非小非見非聞非覺非知離衆結縛等
諸智同衆生於諸法無分別一切無失無濁
無惱無作無起無生無滅無畏無憂無喜
無猒無著無已有無當有無今有不可以一切
言說分別顯示世尊如來身為若此作如是觀
以斯觀者名為正觀若他觀者名為邪觀尒
時舍利弗問維摩詰汝於何沒而來生此維
摩詰言汝所得法有沒生乎舍利弗言無沒

時舍利弗問維摩詰汝於何沒而來生此
摩詰言汝所得法有沒生乎舍利弗言無沒
生也若諸法無沒生相云何問言汝於何
沒而來生此於意云何譬如幻師幻作男女
寧沒生耶舍利弗言無沒生也汝豈不聞佛
說諸法如幻相乎答曰如是若一切法如幻
相者云何問言汝於何沒而來生此舍利弗
沒者為虛誑法壞敗之相生者為虛誑法相
續之相菩薩雖沒不盡善本雖生不長諸惡
是時佛告舍利弗有國名妙喜佛号无動是
維摩詰於彼國沒而來生此舍利弗言未曾
有也世尊是人乃能捨清淨土而來樂此多
怒害處維摩詰語舍利弗於意云何日光出
時與冥合乎答曰不也日光出時則无衆冥
維摩詰言夫日何故行閻提答曰欲以明

照為之除冥維摩詰言菩薩如是雖生不淨
佛土為化衆生不與愚闇而共合也但滅衆
生煩惱闇耳
是時大衆渇仰欲見妙喜世界无動如來及其
菩薩聲聞之衆佛知一切衆會所念告維摩
詰言善男子為此衆會現妙喜國无動如來
及諸菩薩聲聞之衆皆欲見於是維摩詰
心念吾當不起于坐接妙喜國鐵圍山川溪
谷江河大海泉源須弥諸山及日月星宿天
龍鬼神梵天等宮并諸菩薩聲聞之衆城邑
聚落男女大小乃至無動如來及菩提樹諸
妙蓮華能於十方作佛事者三道寶階從
閻浮提至忉利天以此寶階諸天來下悉為礼
敬無動如來聽受經法閻浮提人亦登其階上
昇忉利見彼諸天妙喜世界成就如是無

BD00479　維摩詰所說經卷下

敬無動如来聽受經法閻浮提人亦登其階上
昇忉利見彼諸天妙喜世界成就如是無
量功德上至阿迦膩吒天下至水際以右手斷
取如陶家輪入此世界猶持華鬘示一切衆
作是念已入於三昧現神通力以其右手斷
取妙喜世界置於此土彼得神通菩薩及聲
聞衆并餘天人俱發聲言唯然世尊誰取
我去願見救護無動佛言非我所爲是維
摩詰神力所作其餘未得神通者不覺不知
已之所往妙喜世界雖入此土而不增減於是
世界亦不迫隘如本無異
尒時釋迦牟尼佛告諸大衆汝等且觀妙喜
世界無動如来其国嚴飾菩薩行淨弟子清白
皆曰唯然已見佛言若菩薩欲得如是清淨
佛土當學無動如来所行之道現此妙喜国

時娑婆世界十四那由他人發阿耨多羅三藐
三菩提心皆願生於妙喜佛土釋迦牟尼佛
即記之曰當生彼國時妙喜世界於此國土
所應饒益其事訖已還復本處舉衆皆見
佛告舍利弗汝見此妙喜世界及无動佛
不唯然已見世尊願使一切衆生得清淨土
如無動佛獲神通力如維摩詰世尊我等快
得善利得見是人親近供養其諸衆生若今
現在若佛滅後聞此經者亦得善利況復聞
已信解受持讀誦解說如法脩行若有手得
是經典者便爲已得法寶之藏若有讀誦解
釋其義如說脩行則爲諸佛之所護念其有
供養如是人者當知則爲供養於佛其有書
持此經卷者當知其室則有如來若聞是

持此經卷者當知其室則有如來若聞是
經能隨喜者斯人則為取一切智若能信解
此經乃至一四句偈為他說者當知此人即是
受阿耨多羅三藐三菩提記

法供養品第十三

尒時釋提桓因於大衆中白佛言世尊我雖
從佛及文殊師利聞百千經未曾聞此不可
思議自在神通決定實相經典如我解佛所
說義趣若有衆生聞是經法信解受持讀誦
之者必得是法不疑何況如說脩行斯人則
為閉衆惡趣開諸善門常為諸佛之所護
念降伏外學摧滅魔怨脩治菩提安處道場
履踐如來所行之跡世尊若有受持讀誦如說
脩行者我當與諸眷屬供養給事所在聚落
城邑山林曠野有是經處我亦與諸眷屬聽

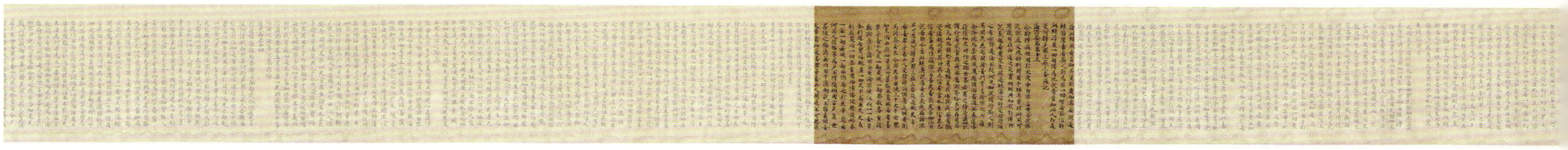

受法故共到其所其未信者當令生信其已
信者當為作護佛言善哉善哉天帝如汝所
說吾助尒喜此經廣說過去未來現在諸佛
不可思議阿耨多羅三藐三菩提是故天帝
若善男子善女人受持讀誦供養是經者則
為供養去來今佛天帝正使三千大千世界
如來滿中辟如甘蔗竹葦稻麻叢林若有善
男子善女人或一劫或減一劫恭敬尊重讚
歎供養奉諸所安至諸佛滅後以一一全身
舍利起七寶塔縱廣一四天下高至梵天表
刹莊嚴以一切華香瓔珞幢幡伎樂微妙第
一若一劫若減一劫而供養之扵天帝意云
何其人植福寧為多不釋提桓因言多矣世
尊彼之福德若以百千億劫說不能盡佛告
天帝當知是善男子善女人聞是不可思議

尊彼之福德若以百千億劫說不能盡佛告
天帝當知是善男子善女人聞是不可思議
解脫經典信解受持讀誦脩行福多於彼所
以者何諸佛菩提皆從是生菩提之相不可
限量以是因緣福不可量
佛告天帝過去无量阿僧祇劫時世有佛号
曰藥王如來應供正遍知明行足善逝世間
解无上士調御丈夫天人師佛世尊世界曰
大莊嚴劫曰莊嚴佛壽二十小劫其聲聞僧
三十六億那由他菩薩僧有十二億天帝是
時有轉輪聖王名曰寶蓋七寶具足主四天
下王有千子端正勇健能伏怨敵尒時寶蓋
與其眷屬供養藥王如來施諸所安至滿五
劫過五劫已告其千子汝等亦當如我以深
心供養於佛於是千子受父王命供養藥王

如來復滿五劫一切施安其王一子名曰月
蓋獨坐思惟寧有供養殊過此者以佛神力
空中有天曰善男子法之供養勝諸供養即
問何謂法之供養天曰汝可往問藥王如來當
廣爲汝說法之供養即時月蓋王子行詣藥
王如來稽首佛足却住一面白佛言世尊諸
供養中法供養勝云何爲法供養佛言善
男子法供養者諸佛所說深經一切世間難信
難受微妙難見清淨無染非但分別思惟
之所能得菩薩法藏所攝陁羅尼印印之至
不退轉成就六度善分別義順菩提法衆經
之上入大慈悲離衆魔事及諸邪見順因緣
法無我無人無衆生無壽命空無相無作无
起能令衆生坐於道場而轉法輪諸天龍神
乾闥婆等所共歎譽能令衆生入佛法藏攝

法無我無人無衆生無壽命空無相無作无
起能令衆生坐於道場而轉法輪諸天龍神
乾闥婆等所共歎譽能令衆生入佛法藏攝
諸賢聖一切智慧說衆菩薩所行之道依於
諸法實相之義明宣無常苦空無我寂滅能
救一切毀禁衆生諸魔外道及貪著者能
使怖畏諸佛賢聖所共稱歎背生死苦示涅槃
樂十方世諸佛所說若聞如是等經信解受
持讀誦以方便力爲諸衆生分別解說顯示
分明守護法故是名法之供養又於諸法如
說修行隨順十二因緣離諸邪見得無生忍
決定無我無有衆生而於因緣果報无違无
諍離諸我所依於義不依語依於智不依識
依了義經不依不了義經依於法不依人隨
順法相无所入无所歸无明畢竟滅故諸行亦

畢竟滅乃至生畢竟滅故老死亦畢竟滅
作如是觀十二因緣无有盡相不復起見是
名最上法之供養
佛告天帝王子月蓋從藥王佛聞如是法得
柔順忍即解寶衣嚴身之具以供養佛白佛
言世尊如來滅後我當行法供養守護正法
願以威神加哀建立令我得降魔怨脩菩薩
行佛知其深心所念而記之曰汝於末後守
護法城天帝時王子月蓋見法清淨聞佛授
記以信出家脩集善法精進不久得五神通
逮菩薩道得陀羅尼无斷辯才於佛滅後以
其所得神通揔持辯才之力滿十小劫藥王
如來所轉法輪隨而分布月蓋比丘以守護
法勤行精進即於此身化百万億人於阿耨
多羅三藐三菩提立不退轉十四那由他人深

法勤行精進即於此身化百万億人於阿耨
多羅三藐三菩提立不退轉十四那由他人深
發聲聞辟支佛心无量衆生得生天上天
帝時王寶蓋豈異人乎今現得佛号寶焔
如來其王千子即賢劫中千佛是也從迦羅鳩
孫馱爲始得佛最後如來号曰樓至月蓋比
丘則我身是如是天帝當知此要以法供養
於諸供養爲上爲最第一无比是故天帝當
以法之供養供養於佛

囑累品第十四

於是佛告彌勒菩薩言彌勒我今以是无量
億阿僧祇劫所集阿耨多羅三藐三菩提法
付囑於汝如是輩經於佛滅後末世之中汝
等當以神力廣宣流布於閻浮提无令斷絶
所以者何未來世中當有善男子善女人及

天龍鬼神乾闥婆羅刹等發阿耨多羅三藐
三菩提心樂于大法若使不聞如是等經則
失善利如此輩人聞是等經必多信樂發希
有心當以頂受隨諸衆生所應得利而為廣
說彌勒當知菩薩有二相何謂為二一者好
於雜句文飾之事二者不畏深義如實能入
若好雜句文飾事者當知是為新學菩薩
若於如是无染无著甚深經典无有恐畏能
入其中聞已心淨受持讀誦如說脩行當知是
為久脩道行彌勒復有二法名新學者不能
決定於甚深法何等為二一者所未聞深經
聞之驚怖生疑不能隨順毀謗不信而作是
言我初不聞從何所來二者若有護持解說
如是深經者不肯親近供養恭敬或時於中
說其過惡有此二法當知是新學菩薩為

BD00479　維摩詰所說經卷下

如是深經者不肯親近供養恭敬或時於中
説其過惡有此二法當知是新學菩薩爲
自毁傷不能於深法中調伏其心彌勒復有二
法菩薩雖信解深法猶自毁傷而不能得无
生法忍何等爲二一者輕慢新學菩薩而不
教誨二者雖解深法而取相分別是爲二法
彌勒菩薩聞説是已白佛言世尊未曾有也
如佛所説我當遠離如斯之惡奉持如來无
數阿僧祇劫所集阿耨多羅三藐三菩提法
若未來世善男子善女人求大乘者當令手
得如是等經與其念力使受持讀誦爲他廣
説世尊若後末世有能受持讀誦爲他説者
當知是爲彌勒神力之所建立佛言善哉善
哉彌勒如汝所説佛助尒喜於是一切菩薩
合掌白佛我等亦於如來滅後十方國土廣

宣流布阿耨多羅三藐三菩提復當開道諸
說法者令得是經
尒時四天王白佛言世尊在在處處城邑聚
落山林曠野有是經卷讀誦解說者我當
率諸官屬為聽法故往詣其所擁護其人面
百由旬令无伺求得其便者是時佛告阿難
受持是經廣宣流布阿難言唯然我已受持
要者世尊當何名斯經佛言阿難是經名為維摩
詰所說亦名不可思議解脫法門如是受持佛
說是經已長者維摩詰文殊師利舍利弗阿
難等及諸天人阿脩羅一切大衆聞佛所說
皆大歡喜

維摩經卷下

維摩經卷下

BD00480-1 金剛般若波羅蜜經

（後秦）鳩摩羅什 譯

BD00480-2 金剛經陀羅尼神咒

204.6cm×25.5cm

若有人言如来得阿耨多羅三藐三菩提須
提實无有法佛得阿耨多羅三藐三菩提
須菩提如来所得阿耨多羅三藐三菩提於
是中无實无虚是故如来說一切法皆是佛
法須菩提所言一切法者即非一切法是故名
一切法須菩提譬如人身長大須菩提言
世尊如来說人身長大則為非大身是名大
身須菩提菩薩亦如是若作是言我當滅
度无量衆生則不名菩薩何以故須菩提實
无有法名為菩薩是故佛說一切法无我无人
无衆生无壽者須菩提若菩薩作是言我
當莊嚴佛土是不名菩薩何以故如来說莊
嚴佛土者即非莊嚴是名莊嚴須菩提若
菩薩通達无我法者如来說名真是菩薩

須菩提於意云何如来有肉眼不如是世尊如
来有肉眼須菩提於意云何如来有天眼不
如是世尊如来有天眼須菩提於意云何
如来有慧眼不如是世尊如来有慧眼須菩
提於意云何如来有法眼不如是世尊如来
有法眼須菩提於意云何如来有佛眼不如
是世尊如来有佛眼須菩提於意云何恒河
中所有沙佛說是沙不如是世尊如来說是
沙須菩提於意云何如一恒河中所有沙有
如是等恒河是諸恒河所有沙數佛世界
如是寧為多不甚多世尊佛告須菩提尒所
國土中所有衆生若干種心如来悉知何以故
如来說諸心皆為非心是名為心所以者何須
菩提過去心不可得現在心不可得未来
心不可得須菩提於意云何若有人滿三千

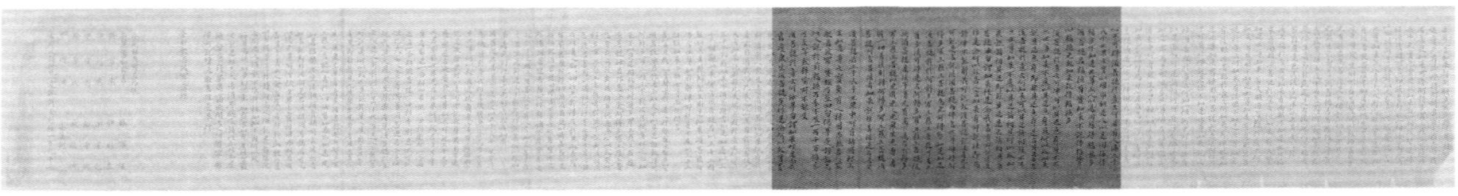

心不可得須菩提於意云何若有人滿三千
大千世界七寶以用布施是人以是因緣得
福多不如是世尊此人以是因緣得福甚多
須菩提若福德有實如來不說得福德多
以福德无故如來說得福德多
須菩提於意云何佛可以具足色身見不不
也世尊如來不應以具足色身見何以故如來
說具足色身即非具足色身是名具足色身
須菩提於意云何如來可以具足諸相見不不
也世尊如來不應以具足諸相見何以故如
來說諸相具足即非具足是名諸相具足須
菩提汝勿謂如來作是念我當有所說法莫
作是念何以故若人言如來有所說法即為
謗佛不能解我所說故須菩提說法者无法
可說是名說法須菩提白佛言世尊佛得阿

耨多羅三藐三菩提為无所得耶如是如是
須菩提我於阿耨多羅三藐三菩提乃至无
有少法可得是名阿耨多羅三藐三菩提復
次須菩提是法平等无有高下是名阿耨多
羅三藐三菩提以无我无人无眾生无壽者
脩一切善法則得阿耨多羅三藐三菩提須
菩提所言善法者如來說非善法是名善法
須菩提若三千大千世界中所有諸須弥山
王如是等七寶聚有人持用布施若人以此
般若波羅蜜經乃至四句偈等受持讀誦為
他人說於前福德百分不及一百千万億分
乃至筭數譬喻所不能及
須菩提於意云何汝等勿謂如來作是念我
當度眾生須菩提莫作是念何以故實无有

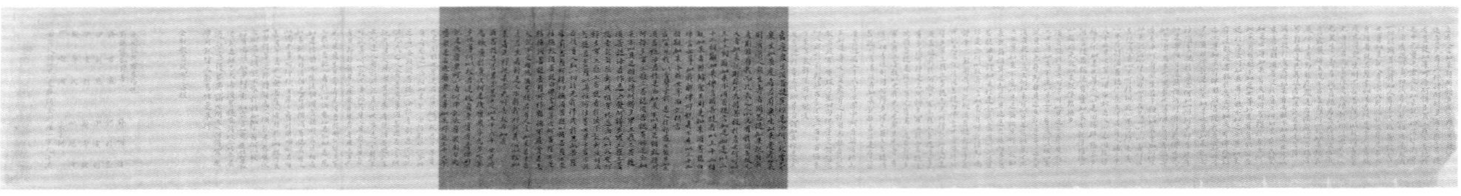

當度衆生須菩提莫作是念何以故實无有
衆生如来度者若有衆生如来度者如来
則有我人衆生壽者須菩提如来說有我
者則非有我而凡夫之人以為有我須菩提凡
夫者如来說則非凡夫須菩提於意云何可以
三十二相觀如来不須菩提言如是如是以三
十二相觀如来佛言須菩提若以三十二相
觀如来者轉輪聖王則是如来須菩提白
佛言世尊如我解佛所說義不應以三十二
相觀如来尒時世尊而說偈言
若以色見我　以音聲求我　是人行邪道　不能見如来
須菩提汝若作是念如来不以具足相故得阿
耨多羅三藐三菩提須菩提莫作是念如
来不以具足相故得阿耨多羅三藐三菩提
須菩提汝若作是念發阿耨多羅三藐三菩

提者說諸法斷滅相莫作是念何以故發阿
耨多羅三藐三菩提者於法不說斷滅相須
菩提若菩薩以滿恒河沙等世界七寶布施
若復有人知一切法无我得成於忍此菩薩
勝前菩薩所得功德須菩提以諸菩薩不受
福德故須菩提白佛言世尊云何菩薩不受
福德須菩提菩薩所作福德不應貪著是
故說不受福德須菩提若有人言如来若来若
去若坐若卧是人不解我所說義何以故如
来者无所從来亦无所去故名如来
須菩提若善男子善女人以三千大千世界碎
爲微塵於意云何是微塵衆寧爲多不甚
多世尊何以故若是微塵衆實有者佛則不
說是微塵衆所以者何佛說微塵衆則非微
塵衆是名微塵衆世尊如来所說三千大千

說是微塵衆所以者何佛說微塵衆則非微
塵衆是名微塵衆世尊如来所說三千大千
世界則非世界是名世界何以故若世界實
有者則是一合相如来說一合相則非一合相
是名一合相須菩提一合相者則是不可說
但凡夫之人貪著其事須菩提若人言佛
說我見人見衆生見壽者見須菩提於意
云何是人解我所說義不世尊是人不解如来
所說義何以故世尊說我見人見衆生見壽
者見即非我見人見衆生見壽者見是名我
見人見衆生見壽者見須菩提發阿耨多羅
三藐三菩提心者於一切法應如是知如是見
如是信解不生法相須菩提所言法相者
如来說即非法相是名法相須菩提若有人
以滿无量阿僧祇世界七寶持用布施若有

善男子善女人發菩薩心者持於此經乃至
四句偈等受持讀誦為人演說其福勝彼
云何為人演說不取於相如如不動何以故
一切有為法 如夢幻泡影 如露亦如電 應作如是觀
佛說是經已長老須菩提及諸比丘比丘尼
優婆塞優婆夷一切世間天人阿脩羅聞
佛所說皆大歡喜信受奉行

金剛般若波羅蜜經

金剛經陀羅尼神呪

南謨薄伽罰帝 鉢 囉 攘
鉢 囉 底 伊 利 底

BD00480－1　金剛般若波羅蜜經　　　BD00480－2　金剛經陀羅尼神呪

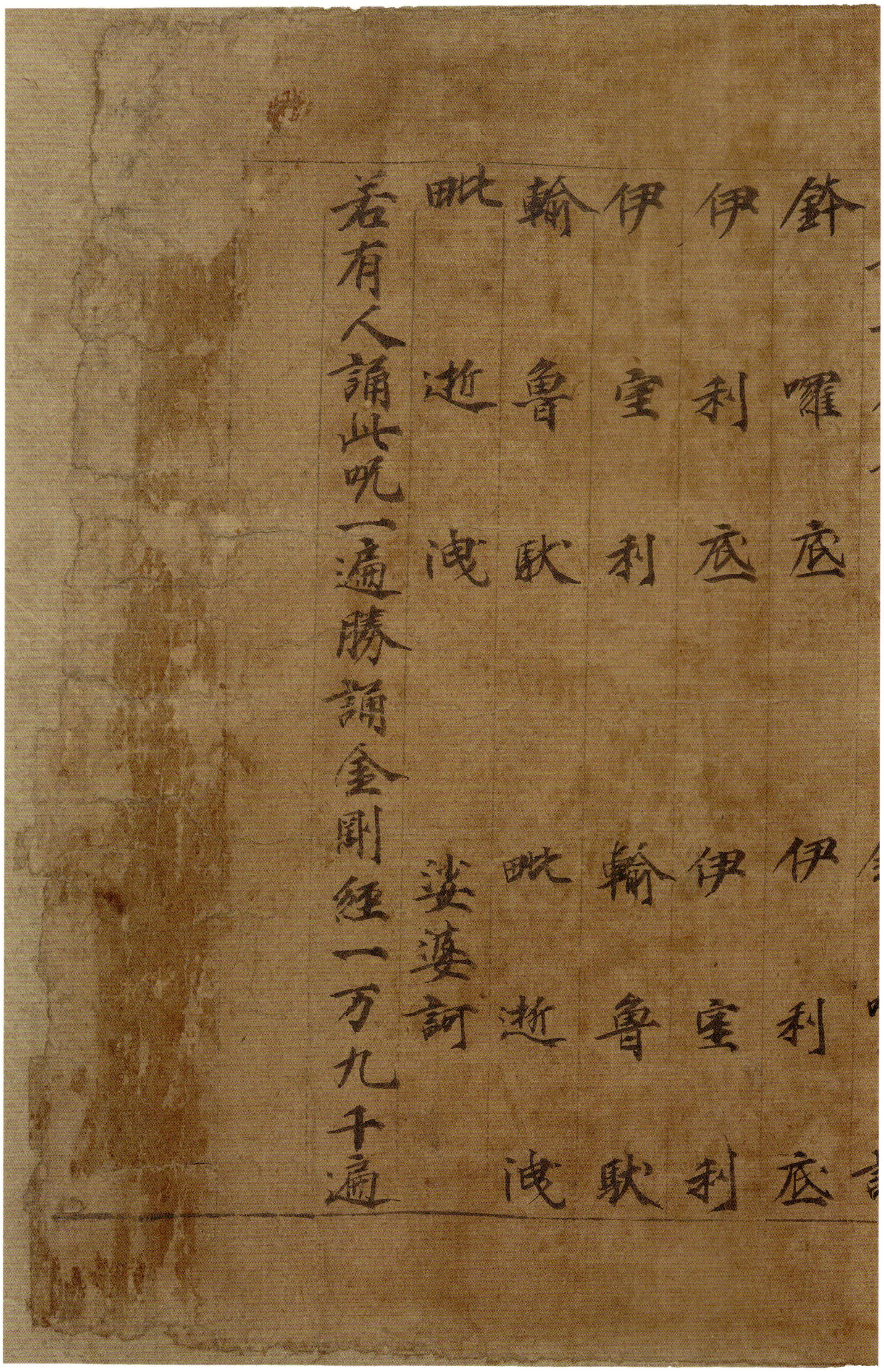

鉢囉底　伊利底
伊利底　伊室利
伊室利　輸魯馱
輸魯馱　毗逝洩
毗逝洩　娑婆訶
若有人誦此呪一遍勝誦金剛經一万九千遍

BD00480-2　金剛經陀羅尼神咒　（5-5）

BD00481 金光明最勝王經卷二

（唐）義净 譯

BD00481v 雜寫

654.4cm × 26cm

不過時處相應時相應行相□
種種身是名化身善男子云何
身謂諸如來為諸菩薩得通達故
為令解了生死涅槃是一味故為除身
生怖畏歡喜故為無邊佛法而作本故
相應如如如如智本願力故是身得現
十二相八十種好項背圓光是名應
子云何菩薩摩訶薩知法身為除
等障為具諸□　有如如如如智
法身前二種身　□有此第三身是真
有為前二身而作根本何以故離法如如離
無分別智一切諸佛無有別法一切諸佛智
慧具足一切煩惱究竟滅盡得清淨佛地是
故法如如如如智攝一切佛法

復次善男子一切諸佛利益自他至於究竟
自利益者是法如如利益他者是如如智能
於自他利益之事而得自在成就種種無邊
用故是故分別一切佛法有無量無邊種種
差別善男子譬如依止妄想思惟說種種煩
惱說種種業因種種果報如是依法如如
如如智說種種佛法說種種獨覺法說種種聲
聞法依法如如依如如智一切佛法自在成
就是為第一不可思議譬如畫空作莊嚴具
是難思議如是依法如如依如如智成就佛
法亦難思議善男子云何法如如如如智二
無分別而得自在事業成就善男子譬如如
來入於涅槃願自在故種種事業皆得成就
法如如如如智自在事成亦復如是
復次菩薩摩訶薩入無心定依前願力從禪

復次菩薩摩訶薩入無心定依前願力從禪
定起作衆事業如是二法無有分別自在
事成善男子譬如日月無有分別亦如水鏡無
有分別光明亦無分別三種和合得有影生
如是法如如如如智亦無分別以願自在故
衆生有感現應化身如日月影和合出現
復次善男子譬如無量無邊水鏡依於光故
空影得現種種異相空者即是無相善男子
如是受化諸弟子等是法身影以願力故於
二種身現種種相於法身地無有異相善男
子依此二身一切諸佛說有餘涅槃依此法
身說無餘涅槃何以故一切餘法究竟盡故
依此三身一切諸佛說無住處涅槃為二身
故不住涅槃離於法身無有別佛何故二身
不住涅槃二身假名不實念念生滅不定住

故數數出現以不定故法身不尒是故二身
不住涅槃法身不二是故不住涅槃故依三
身說無住涅槃
善男子一切凡夫為三相故有縛有障遠離
三身不至三身何者為三一者遍計所執相
二者依他起相三者成就相如是諸相不能
解故不能滅故不能淨故是故不得至於三
身如是三相能解能滅能淨故是故諸佛具
足三身善男子諸凡夫人未能除遣此三心
故遠離三身不能得至何者為三一者起事
心二者依根本心三者根本心依諸伏道起
事心盡依法斷道依根本心盡依最勝道根
本心盡起事心滅故得現化身依根本心滅
故得顯應身根本心滅故得至法身是故一
切如來具足三身

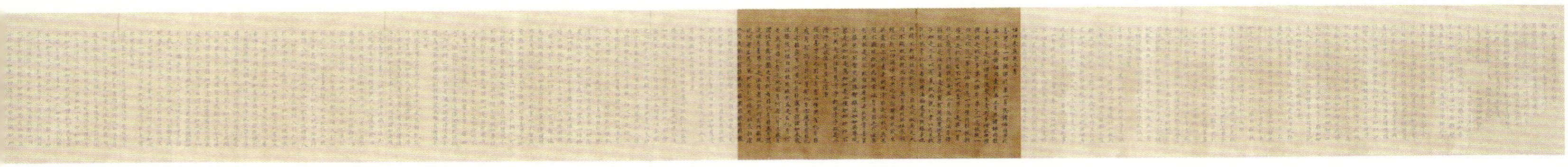

切如来具足三身
善男子一切諸佛於第一身與諸佛同事於
第二身與諸佛同意於第三身與諸佛同體
善男子是初佛身隨衆生意有多種故現種
種相是故說多第二佛身弟子一意故現一
相是故說一第三佛身過一切種相非執相
境界是故說名不一不二善男子是第一身
依於應身得顯現故是第二身依於法身得
顯現故是法身者是真實有無依處故善男
子如是三身以有義故而說於常以有義故
說於無常化身者恒轉法輪處處隨緣方便
相續不斷絶故是故說常非是本故具足大
用不顯現故說為無常應身者從無始来相
續不斷一切諸佛不共之法能攝持故衆生
無盡用亦無盡是故說常非是本故以具足

用不顯現故說爲無常法身者非是行法無
有異相是根本故猶如虛空是故說常善男
子離無分別智更無勝智離法如如無勝境
界是法如如是慧如如是二種如如如如不
一不異是故法身慧清淨故滅清淨故是二
清淨是故法身具足清淨
復次善男子分別三身有四種異有化身非
應身有應身非化身有化身亦應身有非化
身亦非應身何者化身非應身謂諸如來般
涅槃後以願自在故隨緣利益是名化身何
者應身非化身是地前身何者化身亦應身
謂住有餘涅槃之身何者非化身非應身謂
是法身善男子是法身者二無所有所顯現
故何者名爲二無所有於此法身相及相處
二皆是無非有非無非一非異非數非非數

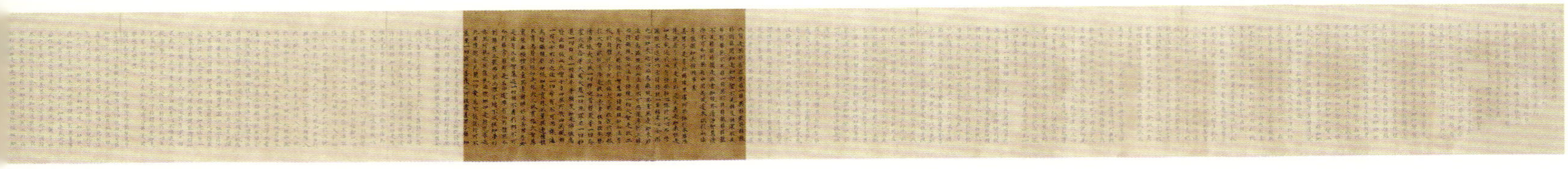

二皆是無非有非無非一非異非數非非數
非明非闇如是如如智不見相及相處不見
非有非無不見非一非異不見非數非非數
不見非明非闇是故當知境界清淨智慧清
淨不可分別無有中間為滅道本故於此法
身能顯如來種種事業
善男子是身因緣境界處所果依於本難思
議故若了此義是身即是大乘是如來性是
如來藏依於此身得發初心修行地心而得
顯現不退地心亦皆得現一生補處心金剛
之心如來之心而悉顯現無量無邊如來妙
法皆悉顯現依此法身不可思議摩訶三昧
而得顯現依此法身得現一切大智是故二
身依於三昧依於智慧而得顯現如此法身
依於自體說常說我依大三昧故說於樂依

於大智故說清淨是故如來常住自在安樂
清淨依大三昧一切禪定首楞嚴等一切念
處大法念等大慈大悲一切陁羅尼一切神
通一切自在一切法平等攝受如是佛法悉
皆出現依此大智十力四無所畏四無礙辯
一百八十不共之法一切希有不可思議法
悉皆顯現譬如依如意寶珠無量無邊種種
珎寶悉皆得現如是依大三昧寶依大智慧
寶能出種種無量無邊諸佛妙法善男子如
是法身三昧智慧過一切相不著於相不可
分別非常非斷是名中道雖有分別體無分
別雖有三數而無三體不增不減猶如夢幻
亦無所執亦無能執法體如如是解脫處過
死王境越生死闇一切衆生不能修行所不
能至一切諸佛菩薩之所住處善男子譬如

能至一切諸佛菩薩之所住處善男子辟如
有人願欲得金處處求覓遂得金礦既得礦
已即便碎之擇取精者爐中銷鍊得清淨金
隨意迴轉作諸鐶釧種種嚴具雖有諸用金
性不改
復次善男子若善男子善女人求勝解脫修
行世善得見如來及弟子衆得親近已白佛
言世尊何者爲善何者不善何者正修得清
淨行諸佛如來及弟子衆見彼問時如是思
惟是善男子善女人欲求清淨欲聽正法即
便爲說令其開悟彼既聞已正念憶持發心
修行得精進力除嬾惰障滅一切罪於諸學
處離不尊重息掉悔心入於初地依初地心
除利有情障得入二地於此地中除不逼惱
障入於三地於此地中除心軟争障入於四

地於此地中除善方便障入於五地於此地
中除見真俗障入於六地於此地中除見行
相障入於七地於此地中除不見滅相障入
於八地於此地中除不見生相障入於九地
於此地中除六通障入於十地於此地中除
所知障除根本心入如來地如來地者由三
淨故名極清淨云何為三一者煩惱淨二者
苦淨三者相淨譬如真金鎔銷治鍊既燒打
已無復塵垢為顯金性本清淨故金體清淨
非謂無金譬如濁水澄渟清淨無復滓穢為
顯水性本清淨故非謂無水如是法身與煩
惱雜苦集除已無復餘習為顯佛性本清淨
故非謂無體譬如虛空烟雲塵霧之所障蔽
若除屏已是空界淨非謂無空如是法身一
切衆苦悉皆盡故說為清淨非謂無體譬如

若除障已是空界淨非謂無空如是法身一切衆苦悉皆盡故說為清淨非謂無體譬如有人於睡夢中見大河水漂泛其身運手動足截流而渡得至彼岸由彼身心不懈退故從夢覺已不見有水彼此岸別非謂無心生死妄想既滅盡已是覺清淨非謂無覺如是法界一切妄想不復生故說為清淨非是諸佛無其實體

復次善男子是法身者惑障清淨能現應身業障清淨能現化身智障清淨能現法身譬如依空出電依電出光如是依法身故能現應身依應身故能現化身由性淨故能現法身智慧清淨能現應身三昧清淨能現化身此三清淨是法如如不異如如一味如如解脫如如究竟如如是故諸佛體無有異善男

子若有善男子善女人說於如來是我大師
若作如是決定信者此人即應深心解了如
來之身無有別異善男子以是義故於諸境
界不正思惟悉皆除斷即知彼法無有二相
亦無分別聖所修行如如於彼無有二相正
修行故如是如是一切諸障悉皆除滅如如
一切障滅如是如是法如如如如智得最清
淨如如法界正智清淨如是如是一切自在
具足攝受皆得成就一切諸障悉皆除滅一
切諸障得清淨故是名真如正智真實之相
如是見者是名聖見是則名為真實見佛何
以故如實得見法真如故是故諸佛悉能普
見一切如來何以故聲聞獨覺已出三界求
真實境不能智見如是聖人所不知見一切
凡夫皆生疑惑顛倒分別不能得度如兎浮

凡夫皆生疑惑顛倒分別不能得度如兔浮
海必不能過所以者何力微劣故凡夫之人
亦復如是不能通達法如如故然諸如來無
分別心於一切法得大自在具足清淨深智
慧故是自境界不共他故是故諸佛如來於
無量無邊阿僧祇劫不惜身命難行苦行方
得此身最上無比不可思議過言說境是妙
寂靜離諸怖畏
善男子如是知見法真如者無生老死壽命
無限無有睡眠亦無飢渴心常在定無有散
動若於如來起諍論心是則不能見於如來
諸佛所說皆能利益有聽聞者無不解脫諸
惡禽獸惡人惡鬼不相逢值由聞法故果報
無盡然諸如來無無記事一切境界無欲知
心生死涅槃無有異想如來所說無不決定

諸佛如来四威儀中無非智攝一切諸法無
有不為慈悲所攝無有不為利益安樂諸衆
生者善男子若有善男子善女人於此金光
明經聽聞信解不墮地獄餓鬼傍生阿蘇羅
道常處人天不生下賤恒得親近諸佛如来
聽受正法常生諸佛清淨國土所以者何由
得聞此甚深法故是善男子善女人則為如
来已知已記當得不退阿耨多羅三藐三菩
提若善男子善女人於此甚深微妙之法一
經耳者當知是人不謗如来不毀正法不輕
聖衆一切衆生未種善根令得種故已種善
根令增長成熟故一切世界所有衆生皆勸
修行六波羅蜜多
尒時虛空藏菩薩梵釋四王諸天衆等即從
座起偏袒右肩合掌恭敬頂礼佛足白佛言

座起偏袒右肩合掌恭敬頂礼佛足白佛言
世尊若所在處講說如是金光明王微妙經
典於其國土有四種利益何者為四一者國
王軍衆强盛無諸怨敵離於疾病壽命延長
吉祥安樂正法興顯二者中宮妃后王子諸
臣和悅無諍離於諂佞王所愛重三者沙門
婆羅門及諸國人修行正法無病安樂無枉
死者於諸福田悉皆修立四者於三時中四
大調適常為諸天增加守護慈悲平等無傷
害心令諸衆生歸敬三寶皆願修習菩提之
行是為四種利益之事世尊我等亦常為弘
經故隨逐如是持經之人所在住處為作利
益佛言善哉善哉善男子如是如是汝等應
當勤心流布此妙經王則令正法久住於世
金光明最勝王經夢見懺悔品第四

尒時妙幢菩薩親於佛前聞妙法已歡喜踊
躍一心思惟還至本處於夜夢中見大金鼓
光明晃耀猶如日輪於此光中得見十方無
量諸佛於寶樹下坐瑠璃座無量百千大衆
圍繞而為說法見一婆羅門桴擊金鼓出大
音聲聲中演說微妙伽他明懺悔法妙幢聞
已皆悉憶持繫念而住至天曉已與無量百
千大衆圍繞持諸供具出王舍城詣鷲峯山
至世尊所礼佛足已布設香花右繞三帀退
坐一面合掌恭敬瞻仰尊顏白佛言世尊我
於夢中見婆羅門以手執桴擊妙金鼓出大
音聲聲中演說微妙伽他明懺悔法我皆憶
持唯願世尊降大慈悲聽我所說即於佛前
而說頌曰
我於昨夜中　夢見大金鼓　其形極姝妙　周遍有金光

我於昨夜中　夢見大金鼓　其形極姝妙　周遍有金光
猶如盛日輪　光明皆普耀　充滿十方界　咸見於諸佛
在於寶樹下　各處瑠璃座　無量百千衆　恭敬而圍繞
有一婆羅門　以杖擊金鼓　於其鼓聲内　說此妙伽他
金光明鼓出妙聲　遍至三千大千界
能滅三塗極重罪　及以人中諸苦厄
由此金鼓聲威力　永滅一切煩惱障
斷除怖畏令安隱　譬如自在牟尼尊
佛於生死大海中　積行修成一切智
能令衆生覺品具　究竟咸歸功德海
由此金鼓出妙聲　普令聞者獲梵響
證得無上菩提果　常轉清淨妙法輪
住壽不可思議劫　隨機說法利群生
能斷煩惱衆苦流　貪瞋癡等皆除滅
若有衆生處惡趣　大火猛焰周遍身

若得聞是妙鼓音　即能離苦歸依佛
皆得成就宿命智　能憶過去百千生
悉皆正念牟尼尊　得聞如來甚深教
由聞金鼓勝妙音　常得親近於諸佛
悉能捨離諸惡業　純修清淨諸善品
一切天人有情類　慇重至誠祈願者
得聞金鼓妙音聲　能令所求皆滿足
衆生墮在無間獄　猛火炎熾苦焚身
無有救護處輪迴　聞者能令苦除滅
人天餓鬼傍生中　所有現受諸苦難
得聞金鼓發妙響　皆蒙離苦得解脫
現在十方界　常住兩足尊　願以大悲心　哀愍憶念我
衆生無歸依　亦無有救護　為如是等類　能作大歸依
我先所作罪　極重諸惡業　今對十力前　至心皆懺悔
我不信諸佛　亦不敬尊親　不務修衆善　常造諸惡業

我不信諸佛　亦不敬尊親　不務修衆善　常造諸惡業
或自恃尊高　種姓及財位　盛年行放逸　常造諸惡業
心恒起邪念　口陳於惡言　不見於過罪　常造諸惡業
恒作愚夫行　無明闇覆心　隨順不善友　常造諸惡業
或因諸戲樂　或復懷憂惱　爲貪瞋所纏　故我造諸惡
親近不善人　及由慳嫉意　貧窮行諂誑　故我造諸惡
雖不樂衆過　由有怖畏故　及不得自在　故我造諸惡
或爲躁動心　或因瞋恚恨　及以飢渴惱　故我造諸惡
由飲食衣服　及貪愛女人　煩惱火所燒　故我造諸惡
於佛法僧衆　不生恭敬心　作如是衆罪　我今悉懺悔
於獨覺菩薩　亦無恭敬心　作如是衆罪　我今悉懺悔
無知謗正法　不孝於父母　作如是衆罪　我今悉懺悔
由愚癡憍慢　及以貪瞋力　作如是衆罪　我今悉懺悔
我於十方界　供養無數佛　當願拔衆生　令離諸苦難
願一切有情　皆令住十地　福智圓滿已　成佛導群迷

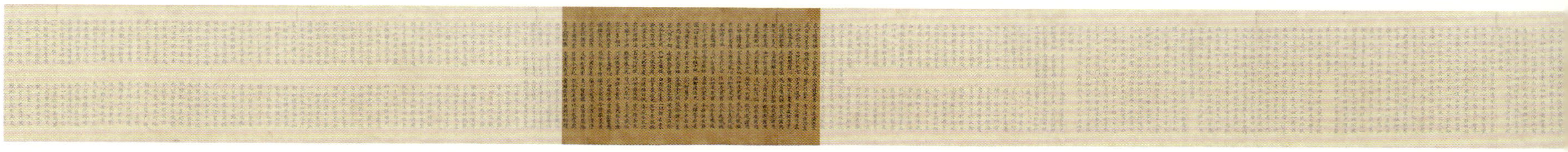

我為諸衆生 苦行百千劫 以大智慧力 皆令出苦海
我為諸含識 演說甚深經 最勝金光明 能除諸惡業
若人百千劫 造諸極重罪 暫時能發露 衆惡盡消除
依此金光明 作如是懺悔 由斯能速盡 一切諸苦業
勝定百千種 不思議總持 根力覺道支 修習常無倦
我當至十地 具足珍寶處 圓滿佛功德 濟度生死流
我於諸佛海 甚深功德藏 妙智難思議 皆令得具足
唯願十方佛 觀察護念我 皆以大悲心 哀受我懺悔
我於多劫中 所造諸惡業 由斯生苦惱 哀愍願消除
我造諸惡業 常生憂怖心 於四威儀中 曾無歡樂想
諸佛具大悲 能除衆生怖 願受我懺悔 令得離憂苦
我有煩惱障 及以諸報業 願以大悲水 洗濯令清淨
我先作諸罪 及現造惡業 至心皆發露 咸願得蠲除
未來諸惡業 防護令不起 設令有違者 終不敢覆藏
身三語四種 意業復有三 繫縛諸有情 無始恒相續

BD00481　金光明最勝王經卷二

身三語四種　意業復有三　繫縛諸有情　無始恒相續
由斯三種行　造作十惡業　如是衆多罪　我今皆懺悔
我造諸惡業　苦報當自受　今於諸佛前　至誠皆懺悔
於此贍部洲　及他方世界　所有諸善業　今我皆随喜
願離十惡業　修行十善道　安住十地中　常見十方佛
我以身語意　所修福智業　願以此善根　速成無上慧
我今親對十力前　發露衆多苦難事
凡愚迷惑三有難　恒造極重惡業難
我所積集欲邪難　常起貪愛流轉難
於此世間耽着難　一切愚夫煩惱難
狂心散動顛倒難　及以親近惡友難
於生死中貪染難　瞋癡闇鈍造罪難
生八無暇惡處難　未曾積集功德難
我今皆於最勝前　懺悔無邊罪惡業
我今歸依諸善逝　我礼德海無上尊

如大金山照十方　唯願慈悲哀攝受
身色金光淨無垢　目如清淨紺瑠璃
吉祥威德名稱尊　大悲慧日除衆闇
佛日光明常普遍　善淨無垢離諸塵
牟尼月照極清涼　能除衆生煩惱熱
三十二相遍莊嚴　八十隨好皆圓滿
福德難思無與等　如日流光照世間
色如瑠璃淨無垢　猶如滿月處虛空
妙頗梨網映金軀　種種光明以嚴飾
於生死苦暴流內　老病憂愁水所漂
如是苦海難堪忍　佛日舒光令永竭
我今稽首一切智　三千世界希有尊
光明晃耀紫金身　種種妙好皆嚴飾
如大海水量難知　大地微塵不可數
如妙高山叵稱量　亦如虛空無有際

如妙高山叵稱量　亦如虛空無有際
諸佛功德亦如是　一切有情不能知
於無量劫諦思惟　無有能知德海岸
盡此大地諸山岳　析如微塵能算知
毛端渧海尚可量　佛之功德無能數
一切有情皆共讚　世尊名稱諸功德
清淨相好妙莊嚴　不可稱量知分齊
我之所有衆善業　願得速成無上尊
廣說正法利群生　悉令解脫於衆苦
降伏大力魔軍衆　當轉無上正法輪
久住劫數難思議　充足衆生甘露味
猶如過去諸冣勝　六波羅蜜皆圓滿
滅諸貪欲及瞋癡　降伏煩惱除衆苦
願我常得宿命智　能憶過去百千生
亦常憶念牟尼尊　得聞諸佛甚深法

願我以斯諸善業　奉事無邊最勝尊
遠離一切不善因　恒得修行真妙法
一切世界諸衆生　悉皆離苦得安樂
所有諸根不具足　令彼身相皆圓滿
若有衆生遭病苦　身形羸瘦無所依
咸令病苦得消除　諸根色力皆充滿
若犯王法當刑戮　衆苦逼迫生憂惱
彼受如斯極苦時　無有歸依能救護
若受鞭杖枷鎖繫　種種苦具切其身
無量百千憂惱時　逼迫身心無暫樂
皆令得免於繫縛　及以鞭杖苦楚事
將臨刑者得命全　衆苦皆令永除盡
若有衆生飢渴逼　令得種種殊勝味
盲者得視聾者聞　跛者能行瘂能語
貧窮衆生獲寶藏　倉庫盈溢無所乏

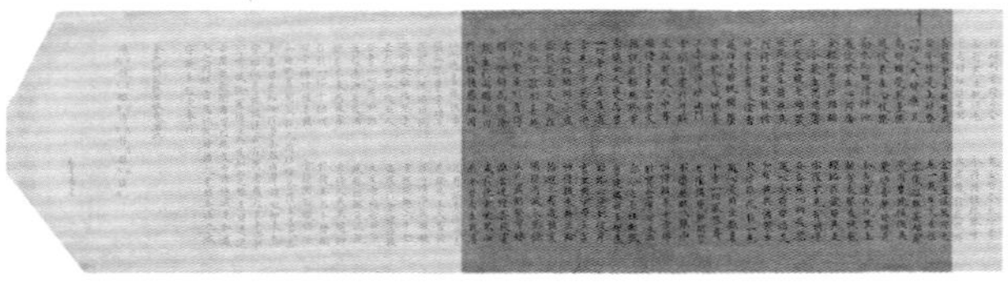

貧窮衆生獲寶藏 倉庫盈溢無所乏
皆令得受上妙樂 無一衆生受苦惱
一切人天皆樂見 容儀温雅甚端嚴
悉皆現受無量樂 受用豐饒福德具
隨彼衆生念伎樂 衆妙音聲皆現前
念水即現清涼池 金色蓮花汎其上
隨彼衆生心所念 飲食衣服及床敷
金銀珎寶妙瑠璃 瓔珞莊嚴皆具足
勿令衆生聞惡響 亦復不見有相違
所受容貌悉端嚴 各各慈心相愛樂
世間資生諸樂具 隨心念時皆滿足
所得珎財無悋惜 分布施與諸衆生
燒香末香及塗香 衆妙雜花非一色
每日三時從樹墮 隨心受用生歡喜
普願衆生咸共養 十方一切最勝尊

三乘清淨妙法門　菩薩獨覺聲聞衆
常願勿處於卑賤　不墮無暇八難中
生在有暇人中尊　恒得親承十方佛
願得常生富貴家　財寶倉庫皆盈滿
顔貌名稱無與等　壽命延長經劫數
悲願女人變為男　勇健聰明多智慧
一切常行菩薩道　勤修六度到彼岸
常見十方無量佛　寶王樹下而安處
處妙瑠璃師子座　恒得親承轉法輪
若於過去及現在　輪迴三有造諸業
能招可猒不善趣　願得消滅永無餘
一切衆生於有海　生死羂網堅牢縛
願以智劒為斷除　離苦速證菩提處
衆生於此贍部內　或於他方世界中
所作種種勝福因　我今皆悉生隨喜

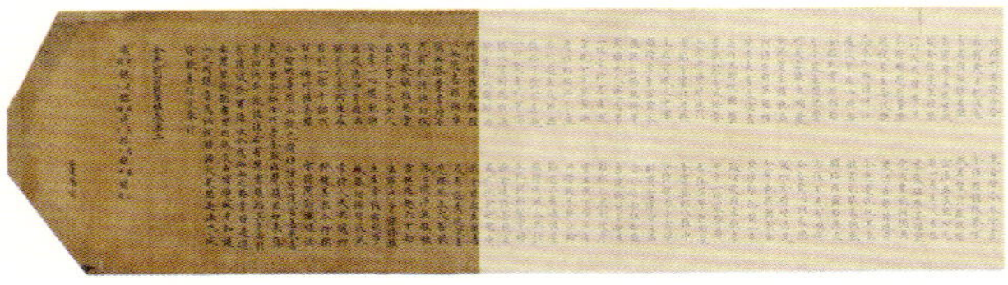

所作種種勝福因　我今皆悉生隨喜
以此隨喜福德事　及身語意造衆善
願此勝業常增長　速證無上大菩提
所有礼讃佛功德　深心清淨無瑕穢
迴向發願福無邊　當超惡趣六十劫
若有男子及女人　婆羅門等諸勝族
合掌一心讃歎佛　生生常憶宿世事
諸根清淨身圓滿　殊勝功德皆成就
願於未來所生處　常得人天共瞻仰
非於一佛十佛所　修諸善根今得聞
百千佛所種善根　方得聞斯懺悔法

尒時世尊聞此說已讃妙幢菩薩言善哉善哉善男子如汝所夢金鼓出聲讃歎如來真實功德并懺悔法若有聞者獲福甚多廣利有情滅除罪障汝今應知此之勝業皆是過

去讚歎發願宿習因緣及由諸佛威力加護
此之因緣當為汝說時諸大衆聞是法已咸
皆歡喜信受奉行

金光明最勝王經卷第二

礦古猛 鍊蓮見 鎔欲鍾 渟大丁 桴覆于 鎖蘇果 羂古縣

弘建勘定

BD00481v 雜寫

BD00482 維摩詰所説經卷下

（後秦）鳩摩羅什 譯

839cm × 25.5cm

香積佛品第十

於是舍利弗心念日時欲至此諸菩薩當於
何食時維摩詰知其意而語言佛說八解脫仁
者受行豈雜欲食而聞法乎若欲食者
且待須臾當令汝得未曾有食時維摩詰
即入三昧以神通力示諸大衆上方界分過四十二
恒河沙佛土有國名衆香佛号香積今現
在其國香氣比丘於十方諸佛世界人天之香
最為第一彼土无有聲聞辟支佛名唯有清淨
大菩薩衆佛為說法其界一切皆以香作樓
閣經行香地苑園皆香其食香氣周流
十方无量世界時彼佛與諸菩薩方共坐食有

諸天子皆号香嚴悉發阿耨多羅三藐三菩
提心供養彼佛及諸菩薩此諸大衆莫不目
見時維摩詰問衆菩薩諸仁者誰能致彼
佛飯以文殊師利威神力故咸皆默然維摩詰
言仁者此諸大衆无乃可恥文殊師利曰如佛
所言勿輕未學於是維摩詰不起于座居衆
會前化作菩薩相好光明威德殊勝蔽於衆
會而告之曰汝往上方界分度如四十二恒
河沙佛土有國名衆香佛号香積與諸菩薩
方共坐食汝往致彼如我辭曰維摩詰稽首
世尊足下致敬无量問訊起居少病少惱氣
力安不願得世尊所食之餘當於娑婆世界施
作佛事令此樂小法者得弘大道亦使如来名
聲普聞時化菩薩即於會前昇于上方舉

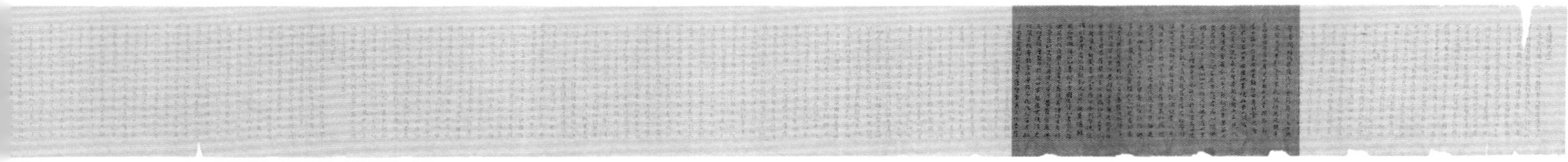

聲普聞時化菩薩即於會前昇于上方舉
衆皆見其去到衆香界礼彼佛足又聞其
言維摩詰稽首世尊足下致敬无量問訊起
居少病少惱氣力安不願得世尊所食之餘
欲於娑婆世界施作佛事使此樂小法者得
弘大道亦使如来名聲普聞彼諸大士見化
菩薩嘆未曾有今此上人從何而来娑婆世
界為在何許云何名為樂小法者即以問佛
佛告之曰下方度如四十二恒河沙佛土有世界
名娑婆佛号釋迦牟尼今現在於五濁惡世為
樂小法衆生敷演道教彼有菩薩名維摩詰
住不可思議解脫為諸菩薩說法故遣化来
稱揚我名并讚此土令彼菩薩增益功德彼

菩薩言其人何如乃作是化德力无畏神足
若斯佛言甚大一切十方皆遣化往施作佛
事饒益衆生於是香積如来以衆香鉢盛
滿香飯與化菩薩時彼九百万菩薩俱發聲言
我欲詣娑婆世界供養釋迦牟尼佛并欲見維
摩詰等諸菩薩衆佛言可往攝汝身香无令
彼諸衆生起惑著心又當捨汝本形勿使彼
國求菩薩者而自鄙恥又汝於彼莫懷輕
賤而作礙想所以者何十方國土皆如虛空之諸
佛為欲化諸樂小法者不盡現其清淨土耳時
化菩薩既受鉢飯與彼九百万菩薩俱承佛
威神及維摩詰力於彼世界忽然不現須臾
之間至維摩詰舍維摩詰即化作九百万師
子之座嚴好如前諸菩薩皆坐其上化菩薩

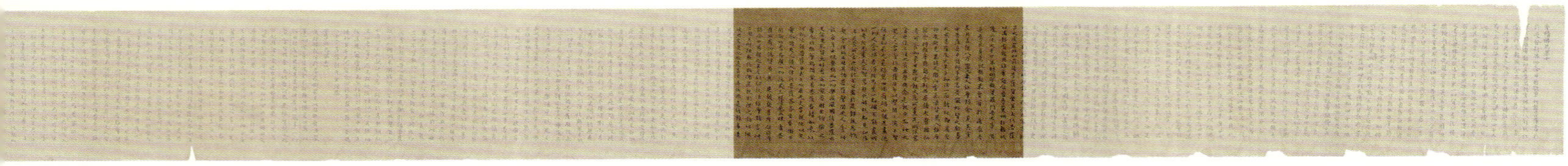

一時入維摩詰舍維摩詰即化作九百万師
子之座嚴好如前諸菩薩皆坐其上化菩薩
以滿鉢香飯與維摩詰飯香普薰毗耶離城
及三千大千世界時毗耶離婆羅門居士等聞
是香氣身意快然歎未曾有於是長者
主月蓋從八万四千人来入維摩詰舍見其室
中菩薩甚多諸師子座高廣嚴好皆大歡喜
礼衆菩薩及大弟子却住一面諸地神虛空
神及欲色界諸天聞此香氣亦皆来入維摩
詰舍時維摩詰語舍利弗等諸大聲聞仁
者可食如来甘露味飯大悲所薰无以限意
食之使不消也有異聲聞念是飯少而此大
衆人人當食化菩薩曰勿以聲聞小德小智
稱量如来无量福慧四海有竭此飯无盡使

一切人食揣若須弥乃至一劫猶不能盡所
以者何无盡戒定智慧解脫解脫知見功德
具足者所食之餘終不可盡於是鉢飯悉飽
衆會猶故不賜其諸菩薩聲聞天人食此
飯者身安快樂譬如一切樂莊嚴國諸菩薩也
又諸毛孔皆出妙香亦如衆香國土諸樹之
香尒時維摩詰問衆香菩薩香積如來以
何說法彼菩薩曰我土如來无文字說但以衆
香令諸天人得入律行菩薩各各坐香樹下
聞斯妙香即獲一切德藏三昧得是三昧者菩
薩所有功德皆悉具足彼諸菩薩問維摩
詰今世尊釋迦牟尼以何說法維摩詰言此
土衆生剛強難化故佛為說剛強之語以調
伏之言是地獄是畜生是餓鬼是諸難處是

土衆生剛强難化故佛為說剛强之語以調
伏之言是地獄是畜生是餓鬼是諸難處是
愚人生處是身邪行是身邪行報是口耶行
是口耶行報是意耶行是意耶行報是煞生
是煞生報是不與取是不與取報是耶婬是
耶婬報是妄語是妄語報是兩舌是兩舌報
是惡口是惡口報是无義語是无義語報是
貪嫉是貪嫉報是瞋惱是瞋惱報是耶見
是耶見報是慳悋是慳悋報是毀戒是毀戒報
是瞋恚是瞋恚報是懈怠是懈怠報是亂意
是亂意報是愚癡是愚癡報是結戒是持戒
是犯戒是應作是不應作是鄣礙是不鄣礙
是得罪是離罪是淨是垢是有漏是无漏是
耶道是正道是有為是无為是世間是涅槃

以難化之人心如猨猴故以若干種法制御其
心乃可調伏譬如象馬𢤱悷不調加諸楚毒
乃至徹骨然後調伏如是剛强難化衆生故
以一切苦切之言乃可入律彼諸菩薩聞說是
已皆曰未曾有也如世尊釋迦牟尼佛隱其
无量自在之力乃以貧所樂法度脫衆生
斯諸菩薩亦能勞謙以无量大悲生是佛
土維摩詰言此土菩薩於諸衆生大悲堅
固誠如所言然其一世饒益衆生多於彼國百
千劫行所以者何此娑婆世界有十事善法
諸餘淨土之所无有何等爲十以布施攝貧
窮以淨戒攝毀禁以忍辱攝瞋恚以精進攝
懈怠以禪定攝亂意以智慧攝愚癡說除難
法度八難者以大乘法度樂小乘者以諸善

懈怠以禪定攝亂意以智慧攝愚癡說除難
法度八難者以大乘法度樂小乘者以諸善
根濟无德者常以四攝成就衆生是為十彼菩
薩曰菩薩成就幾法於此世界行无瘡疣
生于淨土維摩詰言菩薩成就八法於此世
界行无瘡疣生于淨土何等為八饒益衆
生而不望報代一切衆生受諸苦惱所作功
德盡以施之等心衆生謙下无礙於諸菩薩
視之如佛所未聞經聞之不疑不與聲聞而
相違背不嫉彼供不高己利而於其中調伏
其心常省己過不訟彼短恒以一心求諸功
德是為八維摩詰文殊師利於大衆中說是
法時百千天人皆發阿耨多羅三藐三菩提
心十千菩薩得无生法忍

菩薩行品第十一

是時佛說法於菴羅樹園其地忽然廣愽嚴
事一切衆會皆作金色阿難白佛言世尊以
何因緣有此瑞應是處忽然廣愽嚴事一切
衆會皆作金色佛告阿難是維摩詰文殊
師利與諸大衆恭敬圍遶發意欲來故先為
此瑞應於是維摩詰語文殊師利可共見佛與諸
菩薩礼事供養文殊師利言善哉行矣今
正是時維摩詰即以神力持諸大衆并師子座
置於右掌往詣佛所到已著地稽首佛足
右繞七匝一心合掌在一面立其諸菩薩即
皆避座稽首佛足亦繞七匝於一面立諸大
弟子釋梵四天王等亦皆避座稽首佛足在
一面立於是世尊如法慰問諸菩薩已各令復

弟子釋梵四天王等亦皆避座稽首佛足在
一面立於是世尊如法慰問諸菩薩已各令復
座即皆受教衆生已定佛語舍利弗汝是菩
薩大士自在神力之所為乎唯然已見汝意
云何世尊我覩其為不可思議非意所啚非
度所側尒時阿難白佛言世尊今所聞香自
昔未有是為何香佛告阿難是彼菩薩毛
孔之香於是舍利弗語阿難言我等毛孔亦
出是香阿難言此所從来曰是長者維摩詰
從衆香國取佛餘飯於舍食者一切毛孔皆
香若此阿難問維摩詰是香氣住當久如維
摩詰言至此飯消曰此飯久如當消曰此飯
勢力至于七日然後乃消又阿難若聲聞人
未入正位食此飯者得入正位然後乃消已入

正位食此飯者得心解脫然後乃消若未發
大乘意食此飯者至發意乃消已發意食
此飯者得无生忍然後乃消已得无生忍食
此飯者至一生補處然後乃消譬如有藥名曰
上味其有服者身諸毒滅然後乃消此飯如
是滅除一切諸煩惱毒然後乃消阿難白
佛言未曾有也世尊如此香飯能作佛事
佛言如是如是阿難或有佛土以佛光明而
作佛事有以諸菩薩而作佛事有以佛所化
人而作佛事有以菩提樹而作佛事有以佛衣
服臥具而作佛事有以飯食而作佛事有以
園林臺觀而作佛事有以三十二相八十隨
形好而作佛事有以佛身而作佛事有以虛
空而作佛事衆生應以此緣得入律行有以

空而作佛事衆生應以此緣得入律行有以
夢幻影響鏡中像水中月熱時焰如是等喻
而作佛事又以音聲語言文字而作佛事或
有清淨佛土寂漠无言无說无示无識无作
无為而作佛事如是阿難諸佛威儀進止諸
所施為无非佛事阿難有此四魔八万四千諸
煩惱門而諸衆生為之疲勞諸佛即以此法
而作佛事是名入一切諸佛法門菩薩入此
門者若見一切淨妙佛土不以為喜不貪不
高若見一切不淨佛土不以為憂不礙不沒
但於諸佛生清淨心歡喜恭敬未曾有也諸
佛如來功德平等為教化衆生故而現佛土
不同阿難汝見諸佛國土地有若千而虛空

无若干也如是見諸佛色身有若干耳
无礙慧无若干也阿難諸佛色身威德種姓戒
定智慧解脫解脫知見力无所畏不共之法大
慈大悲威儀所行及其壽命說法教化成就
衆生淨佛國土具諸佛法悉皆同等是故名
爲三藐三佛陁名爲多陁阿伽度名爲佛陁
阿難若我廣說此三句義汝以劫壽不能
盡受正使三千大千世界滿中衆生皆如阿
難多聞第一得念總持此諸人等以劫之壽
亦不能受如是阿難諸佛阿耨多羅三藐三
菩提无有限量智慧辯才不可思議阿難
白佛言我從今已往不敢自謂以爲多聞佛告
阿難勿起退意所以者何我說汝於聲聞中
爲最多聞非謂菩薩且止阿難其有智者不

為最多聞非謂菩薩且止阿難其有智者不
應限度諸菩薩也一切海淵尚不測量菩
薩禪定智慧揔持辯才一切功德不可量
也阿難汝等捨置菩薩所行是維摩詰一
時所現神通之力一切聲聞辟支佛於百千
劫盡力變化所不能作
尒時衆香世界菩薩來者合掌白佛言世尊我
等初見此土生下劣想今自悔責捨離是心
所以者何諸佛方便不可思議為度衆生故
隨其所應現佛國異唯然世尊願賜少法
還於彼土當念如來佛告諸菩薩有盡无
盡解脫法門汝等當學何等為盡謂有為法何
謂无盡謂无為法如菩薩者不盡有為不住无
為何謂不盡有為謂不離大慈不捨大悲

深發一切智心而不忽忘教化衆生終不猒惓
於四攝法常念順行護持正法不惜軀命
種諸善根无有疲猒志常安住方便迴向求
法懈說法无悋勤供諸佛故入生死而无所
畏於諸榮辱心无憂喜不輕未學敬學如
佛墮煩惱者令發正念於遠離樂不以為貴
不著己樂慶於彼樂在諸禪定如地獄想於
生死中如園觀想見来求者為善師想捨諸
所有具一切智想見毀戒人起救護想諸波羅
蜜為父母想道品之法為眷屬想發行善根
无有齊限以諸淨國嚴飾之事成己佛土行
不限施具足相好除一切惡身口意淨生死无
數劫意而有勇聞佛无量德志而不惓以智
慧劍破煩惱賊出陰界入荷負衆生永使

慧劍破煩惱賊出陰界入荷負衆生永使
解脫以大精進摧伏魔軍常求无念實
相智慧行少欲知足而不捨世間法不壞威
儀而能隨俗起神通慧引道衆生得念揔
持所聞不忘善別諸根斷衆生疑以樂說辯
演法无礙淨十善道受天人福脩四无量開梵
天道勸請說法隨喜讚善得佛音聲身口
意善得佛威儀深脩善法所行轉勝以大乘
教成菩薩僧心无放逸不失衆善行如此法
是名菩薩不盡有爲何謂菩薩不住无爲謂
脩學空不以空爲證脩學无相无作不以无相
无作爲證脩學无起不以无起爲證觀於无常
而不猒善本觀世間苦而不惡生死觀於无
我而誨人不惓觀於寂滅而不永滅觀於遠離

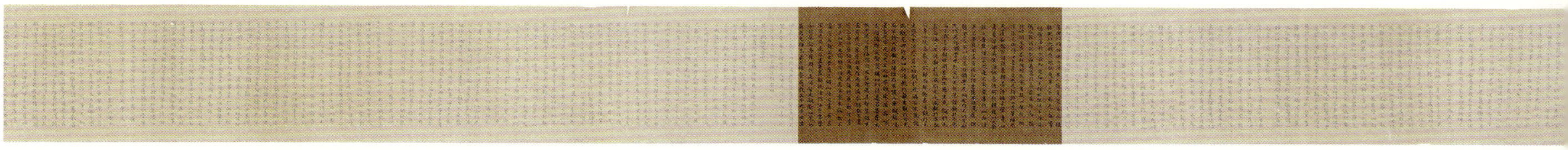

而身心脩善觀无所歸而歸趣善法觀於无
生而不生法荷負一切觀於无漏而不斷諸
漏觀无所行而以行法教化衆生觀於空无
而不捨大悲觀正法位而不隨小乘觀諸法
虛妄无牢无人无主无相本願未滿而不
虛福德禪定智慧脩如此法是名菩薩不
住无為又具福德故不住无為具智慧故不
盡有為大慈悲故不住无為滿本願故不盡
有為集法藥故不住无為隨授藥故不盡
有為知衆生病故不住无為滅衆生病故不
盡有為諸正士菩薩已脩此法不盡有為
不住无為是名盡无盡解脫法門汝等當學
尒時彼諸菩薩聞說是法皆大觀歡以衆妙
華若色種色若干種香遍散三千大千世界

華若色種色若干種香遍薰三千大千世界
供養於佛及此經法并諸菩薩已稽首佛足
嘆未曾有言釋迦牟尼佛乃能於此善行
方便言已忽然不現還到本國
見阿閦佛品第十二
尒時世尊問維摩詰汝欲見如来為以何等
觀如来乎維摩詰言如自觀身實相觀佛亦
然我觀如来前際不来後際不去今則不住
不觀色不觀色如不觀色性不觀受想行識
不觀識如不觀識性非四大起同於虛空六
入无積眼耳鼻舌身心已過不在三界三垢
已離順三脫門三明與无明等不一相不異
相不自相不他相非无相非取相不此岸不
不彼岸不中流而化衆生觀於寂滅亦不永滅

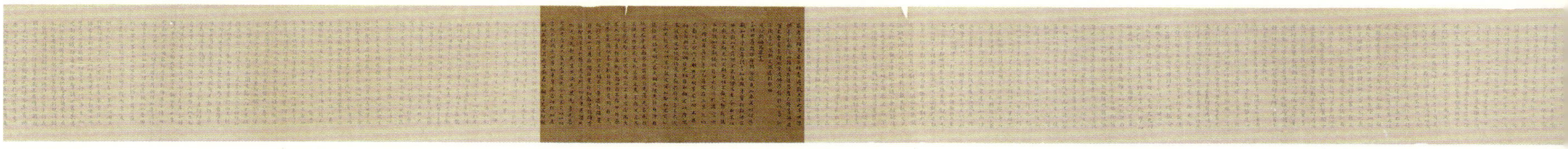

不此不彼不以此不以彼不可以智知不可以
識識无晦无明无名无相无強无弱非淨非
穢不在方不離方非有為非无為无示无説
不施不慳不戒不犯不忍不恚不進不怠不
定不亂不智不愚不誠不欺不來不去不出
不入一切言語道斷非福田非不福田非應
供養非不應供養非取非捨非有相非无
相同真際等法性不可稱不可量過諸稱量
非大非小非見非聞非覺非知離衆結縛等
諸智同衆生於諸法无分別一切无失无濁无
惱无作无起无生无滅无畏无憂无喜
无猒无著无已有无當有无今有不可以一切
言説分别顯示世尊如来身為若此作如是
觀以斯觀者名為正觀若他觀者名為耶觀

觀以斯觀者名為正觀若他觀者名為耶觀
尒時舍利弗問維摩詰汝於何沒而来生此
維摩詰言汝所得法有沒生乎舍利弗言无
沒生也若諸法无沒生相云何問言汝於何
沒而来生此於意云何譬如幻師幻作男女
寧沒生耶舍利弗言无沒生也汝豈不聞佛
說諸法如幻相乎荅曰如是若一切法如幻
相者云何問言汝於何沒而来生此舍利弗
沒者為虛誑法壞敗之相生者為虛誑法
相續之相菩薩雖沒不盡善本雖生不長諸
惡是時佛告舍利弗有國名妙喜佛号无動
是維摩詰於彼國沒而来生此舍利弗言未曾
也世尊是人乃能捨清淨土而来樂此多怒害
處維摩詰語舍利弗於意云何日光出時與

冥合乎荅曰不也日光出時則无衆冥維摩
詰言夫日何故行閻浮提荅曰欲以明照爲
之除冥維摩詰言菩薩如是雖生不淨佛
土爲化衆生不與愚闇而共合也但滅衆生
煩惱闇耳是時大衆渴仰欲見妙喜世界无
動如來及其菩薩聲聞之衆佛知一切衆會
所念告維摩詰言善男子爲此衆會現妙
喜國不動如來及諸菩薩聲聞之衆衆皆欲
見於是維摩詰心念吾當不起于座接妙喜
國鐵圍山川溪谷江河大海泉源須彌諸山
及日月星宿天龍鬼神梵天宮等并諸菩
薩聲聞之衆城邑聚落男女大小乃至不動如
來及菩提樹諸妙蓮華能於十方作佛事者三
道寶階從閻浮提至忉利天以此寶階諸

来及菩提樹諸妙蓮華能於十方作佛事者三
道寶階從閻浮提至忉利天以此寶階諸
天来下悉為礼敬无動如来聽受経法閻浮
提人亦登其階上昇忉利見彼諸天妙喜世
界成就如是无量功德上至阿迦膩吒天下
至水際以右手斷取如陶家輪入此世界猶
持華鬘示一切衆生[illegible]是念已入於三昧現神
通力以其右手斷取妙喜世界置於此土彼
得神通菩薩及聲聞衆并餘天人俱發聲言
唯然世尊誰取我去願見救護无動佛言
非我所為是維摩詰神力所作其餘未得神通
者不覺不知己之所往妙喜世界雖入此土而
不增減於是世界亦不迫隘如本无異尒時
釋迦牟尼佛告諸大衆汝等且觀妙喜世界

无動如來及其國嚴飾菩薩行淨弟子清白
皆曰唯然已見佛言若菩薩欲得如是清淨
佛土當學无動如來所行之道現此妙喜國
時娑婆世界十四那由他人發阿耨多羅三藐
三菩提心皆願生於妙喜佛土釋迦牟尼
佛即記之曰當生彼國時妙喜世界於此國土
所應饒益其事訖已還復本處舉衆皆見
佛告舍利弗汝見此妙喜世界及不動佛不唯
然已見世尊願使一切衆生得清淨土如
无動佛獲神通力如維摩詰世尊我等
快得善利得見是人親近供養其諸衆生若
今現在若佛滅後聞此經者亦得善利況復聞
已信解受持讀誦解說如法脩行若有手得是

BD00482　維摩詰所説經卷下

已信解受持讀誦解說如法脩行若有手得是
經典者便爲已得法寶之藏若有讀誦解說
其義如說脩行則爲諸佛之所護念其有供
養如是人者當知則爲供養於佛其有書
持此經卷者當知其室則有如來若聞是
經能隨喜者斯人則爲取一切智若能信解
此經乃至一四句偈爲他說者當知此人即
是受阿耨多羅三藐三菩提記

法供養品第十三

尒時釋提桓因於大衆中白佛言世尊我雖
從佛及文殊師利聞百千經未曾聞此不可
思議自在神通決定實相經典如我解佛所
說義趣若有衆生聞是經法信解受持讀
誦之者必得是法不疑何況如說脩行斯人則

為閉衆惡趣開諸善門常為諸佛之所護念
降伏外學摧滅魔怨修治菩提安處道場
履踐如來所行之跡世尊若有受持讀誦如說
修行者我當與諸眷屬供養給事所在聚落
城邑山林曠野有是經處我亦與諸眷屬聽
受法故共到其所其未信者當令生信其已信
者當為作護佛言善哉善哉天帝如汝所
說吾助尒喜此經廣說過去未來現在諸佛
不可思議阿耨多羅三藐三菩提是故天帝
若善男子善女人受持讀誦供養是經者則
為供養去來今佛天帝正使三千大千世界
如來滿中譬如甘蔗竹葦稻麻叢林若有善
男子善女人或一劫或減一劫恭敬尊重讚
歎供養奉諸所安至諸佛滅後以一一全身

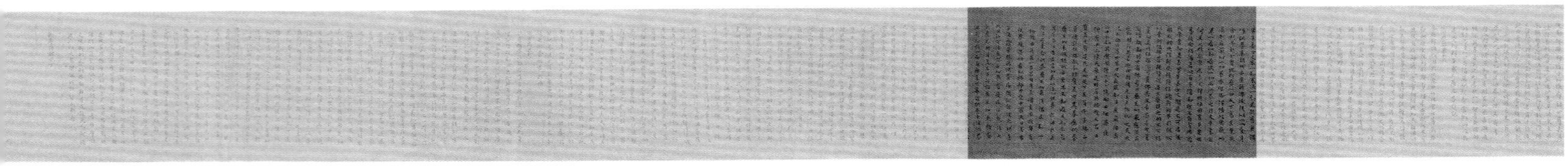

男子善女人或一劫或減一劫恭敬尊重讚
嘆供養奉諸所安至諸佛滅後以一一全身
舍利并起七寶塔縱廣一四天下高至梵天
表剎莊嚴以一切華香瓔珞幢幡伎樂微妙
第一若一劫若減一劫而供養之於天帝意云
何其人殖福寧為多不釋提恒因言多矣世
尊彼之福德若以百千億劫說不能盡佛告
天帝當知是善男子善女人聞是不可思議
解脫經典信解受持讀誦脩行福多於彼所
以者何諸佛菩提皆從是生菩提之相不可限
量以是因緣福不可量佛告天帝過去无量
阿僧祇劫時世有佛号曰藥王如來應供正
遍知明行足善逝世間解无上士調御大夫天
人師佛世尊世界曰大莊嚴劫曰莊嚴佛壽

二十小劫其聲聞僧三十六億那由他菩薩
僧有十二億天帝是時有轉輪聖王名曰
寶蓋七寶具足王四天下王有千子端正
勇健能伏怨敵尒時寶蓋與其眷屬供養
藥王如来施諸所安至滿五劫過五劫已告
其千子汝等亦當如我以深心供養於佛於是
千子受父王命供養藥王如来復滿五劫一
切施安其王一子名曰月蓋獨生思惟寧有
供養殊過此者以佛神力空中有天曰善男
子法之供養勝諸供養即問何謂法之供養
天曰汝可往問藥王如来當廣為汝說法之
供養即時月蓋王子行詣藥王如来稽首
佛足却住一面白佛言世尊諸供養中法供養

佛足却住一面白佛言世尊諸供養中法供養
勝云何為法供養佛言善男子法供養者謂諸
佛所說深經一切世間難信難受微妙難見
清淨无染非但分明思惟之所能得菩薩
法藏所攝陀羅尼印印之至不退轉成就六
度善分別義順菩提法衆經之上入大慈悲
離衆魔事及諸邪見順因緣法无我无衆生
无壽命空无相无作无起能令衆生坐於道
場而轉法轉諸天龍神乾闥婆等所共嘆
譽能令衆生入佛法藏攝諸賢聖一切智慧
說衆菩薩所行之道依於諸法實相之義
明宣无常苦空无我寂滅能救一切毀禁
衆生諸魔外道及貪著者能使怖畏諸佛賢
聖所共稱嘆背生死苦示涅槃樂十方三世諸

佛所説若聞如是等經信解受持讀誦以方便力
為諸衆生分別解脱顯示分明守護法故是名
法之供養又於諸法如説脩行隨順十二因緣
離諸邪見得无生忍決定无我无有衆生而
於因緣果報无違无諍離諸我所依於義
不依語依於智不依識依了義經不依不了
義經依於法不依人隨順法相无所入无所歸
无明畢竟滅故諸行亦畢竟滅乃至生畢竟
滅故老死亦畢竟滅作如是觀十二因緣无有
盡相不復起見是名最上法之供養佛告
天帝王子月盖從藥王佛聞如是法得柔順
忍即解寶衣嚴身之具以供養佛白佛
言世尊如來滅後我當行法供養守護正法
願以威神加哀建立令我得降魔怨脩菩薩

願以威神加哀建立令我得降魔怨脩菩薩
行佛知其深心所念而記之曰汝於末後護持法城
天帝時王子月蓋見法清淨聞佛授記以信
出家脩集善法精進不久得五神通菩薩
道得陁羅尼无斷辯才於佛滅後以其
所得神通揔持辯才之力滿十小劫藥王如
來所轉法輪隨而分布月蓋比丘以護持法勤
行精進即於此身化百万億人於阿耨多羅
三藐三菩提立不退轉十四那由他人深發聲
聞辟支佛心无量眾生得生天上天帝時王
寶蓋豈異人乎今現得佛号寶焰如來其
王千子即賢劫中千佛是也從迦羅鳩村馱
為始得佛最後如來号曰樓至月蓋比丘則
我身是也如是天帝當知此要以法供養於

諸供養為上為最第一无比是故天帝當知
法之供養供養於佛

囑累品第十四

於是佛告彌勒菩薩言彌勒我今以是无量
億阿僧祇劫所集阿耨多羅三藐三菩提付
囑於汝如是輩經於佛滅後末世之中汝等
當以神力廣宣流布於閻浮提无令斷絶所
以者何未來世中當有善男子善女人及天龍
鬼神乾闥婆羅剎等發阿耨多羅三藐三
菩提心樂于大法若使不聞如是等經則失
善利如此輩人聞是等經必多信樂發希有
心當以頂受隨諸衆生所應得利而為廣說
彌勒當知菩薩有二相何謂為二一者好於
雜句文飾之事二者不畏深義如實能入若

弥勒當知菩薩有二相何謂為二一者好於
雜句文餝之事二者不畏深義如實能入若
好雜句文餝事者當知是為新學菩薩若於
如是无染无著甚深經典无有恐畏能入其
中聞已心淨受持讀誦如說脩行當知是為
久脩道行弥勒復有二法名新學者不能
決定於甚深法何等為二一者所未聞深經聞
之驚怖生疑不能隨順毀謗不信而作是言
我初不聞從何所來二者若有護持解說如
是深經者不肯親近供養恭敬或時於中說
其過惡有此二法當知是新學菩薩為自毀
傷不能於深法中調伏其心弥勒復有二法菩
薩雖信解深法猶自毀傷而不能得无生法
忍何等為二一者輕慢新學菩薩而不教

說二者雖解法而取相分别是為二法弥
勒菩薩聞說是已白佛言世尊未曾有也如
佛所說我當遠離如斯之惡奉持如来无數
阿僧祇劫所集阿耨多羅三藐三菩提法若未
来世善男子善女人求大乘者當令手得如是
等經與其念力使受持讀誦為他廣說世
尊若後末世有能受持讀誦為他說者當
知是弥勒神力之所建立佛言善哉善哉弥
如汝所說佛助尒喜於是一切菩薩合掌白
佛我等亦於如来滅後十方國土廣宣流布
阿耨多羅三藐三菩提復當開導諸說法者
令得是經尒時四天王白佛言世尊在在處處
城邑聚落山林曠野有是經卷讀誦解說
者我當率諸官屬為聽法故往詣其所擁

者我當率諸官屬為聽法故往詣其所擁
護其人面百由旬令无伺求得其便者是時
佛告阿難受持是經廣宣流布阿難言唯
我已受持要者世尊當何名斯經佛言阿難
是經名為維摩詰所說亦名不可思議解脫
法門如是受持佛說是經已長者維摩詰
文殊師利舍利弗阿難等及諸天人阿脩
羅一切大眾聞佛所說皆大歡喜

維摩詰經卷下

BD00482　維摩詰所説經卷下

BD00482　維摩詰所説經卷下　（19–19）

BD00483 金光明最勝王經卷九

（唐）義净 譯

707.4cm × 25.7cm

詣[illegible]

天主天衆及天女　悉皆共散曼陁花

百千天樂難思議　住在空中出妙響

尒時寶積大法師　即昇高座跏趺坐

念彼十方諸剎土　百千万億大慈尊

遍及一切苦衆生　皆起平等慈悲念

爲彼請主善生故　演說微妙金光明

王既得聞如是法　合掌一心唱隨喜

聞法希有淚交流　身心大喜皆充遍

于時國主善生王　爲欲供養此經故

手持如意末尼寶　發願咸爲諸衆生

今可於斯贍部洲　普雨七寶瓔珞具

所有匱乏資財者　皆得隨心受安樂

即便遍雨於七寶　悉皆充足四洲中

瓔珞嚴身隨所須　衣服飲食皆無乏

尒時國主善生王　見此四洲雨珎寶
咸持供養寶髻佛　所有遺教苾芻僧
應知過去善生王　即我釋迦牟尼是
爲於昔時捨大地　及諸珎寶滿四洲
昔時寶積大法師　爲彼善生說妙法
因彼開演經王故　東方現成不動佛
以我曾聽此經王　合掌一言稱隨喜
及施七寶諸功德　獲此最勝金剛身
金光百福相莊嚴　所有見者皆歡喜
一切有情無不愛　俱胝天衆亦同然
過去曾經九十九　俱胝億劫作輪王
亦於小國爲人王　復經無量百千劫
於無量劫爲帝釋　亦復曾爲大梵王
供養十力大慈尊　彼之數量難窮盡
[illegible]

供養十力大慈尊　彼之數量難窮盡
我昔聞經隨喜善　所有福聚量難知
由斯福故證菩提　獲得法身真妙智
尒時大衆聞是說已歎未曾有皆願奉持金
光明經流通不絶

金光明最勝王經諸天藥叉護持品第廿二

尒時世尊告大吉祥天女曰若有淨信善男
子善女人欲於過去未來現在諸佛以不可
思議廣大微妙供養之具而為奉獻及欲解
了三世諸佛甚深行處是人應當決定至心
隨是經王所在之處城邑聚落或山澤中廣
為衆生數演流布其聽法者應除亂想攝耳
用心世尊即為彼天及諸大衆說伽他曰
若欲於諸佛　不思議供養　復了諸如來　甚深境界者
若見演說者　最勝金光明　應親詣彼方　至其所住處

此經難思議　能生諸功德　無邊大苦海　解脫諸有情
我觀此經王　初中後皆善　甚深不可測　譬喻無能比
假使恒河沙　大地塵海水　虛空諸山石　無能喻少分
欲入深法界　應先聽是經　法性之制底　其深善安住
於斯制底內　見我牟尼尊　悅意妙音聲　演說斯經典
由此俱胝劫　數量難思議　生在人天中　常受勝妙樂
若聽是經者　應作如是心　我得不思議　無邊功德蘊
假使大火聚　滿百踰繕那　為聽此經王　直過無辭苦
既至彼住處　得聞如是經　能滅於罪業　及除諸惡夢
惡星諸變怪　蠱道邪魅等　得聞是經時　諸惡皆捨離
應嚴勝高座　淨妙若蓮花　法師處其上　猶如大龍坐
於斯安坐已　說此甚深經　書寫及誦持　并為解其義
法師捨此座　往詣餘方所　於此高座中　神通非一相
或見法師像　猶在高座上　或時見世尊　及以諸菩薩

法師捨此座　往詣餘方所　於此高座中　神通非一相
或見法師像　猶在高座上　或時見世尊　及以諸菩薩
或作普賢像　或如妙吉祥　或見慈氏尊　身處於高座
或見希奇相　及以諸天像　暫得覩容儀　忽然還不現
或就諸吉祥　所作皆隨意　功德悉圓滿　世尊如是說
最勝有名稱　能滅諸煩惱　他國賊皆除　戰時常得勝
惡夢悉皆無　及消諸毒害　所作三業罪　經力能除滅
於此贍部洲　名稱咸充滿　所有諸怨結　悉皆相捨離
設有怨敵至　聞名便退散　不假動兵戈　兩陣生歡喜
梵王帝釋主　護世四天王　及金剛藥叉　正了知大將
無熱池龍王　及以娑揭羅　緊那羅樂神　蘇羅金翅主
大辯才天女　并大吉祥天　斯等上首天　各領諸天衆
常供養諸佛　法寶不思議　恒生歡喜心　於經起恭敬
斯等諸天衆　皆悉共思惟　遍觀修福者　共作如是說
應觀此有情　或是大福德　善根精進力　當來生我天

為聽甚深經　敬心來至此　供養法師處　尊重正法故

憐愍於衆生　而作大饒益　於此深經典　能為法寶器

入此法門者　能入於法性　於此金光明　至心應聽受

是人曾供養　無量百千佛　由彼諸善根　得聞此經典

如是諸天主　天女大辯才　并彼吉祥天　及以四王衆

無數藥叉衆　勇猛有神通　各於其四方　常來相擁護

日月天帝釋　風水火諸神　吠率怒大肩　閻羅辯才等

一切諸護世　勇猛具威神　擁護持經者　晝夜常不離

大力藥叉王　那羅延自在　正了知為首　二十八藥叉

餘藥叉百千　神通有大力　恒於恐怖處　常來護此人

金剛藥叉王　并五百眷屬　諸大菩薩衆　常來護此人

寶王藥叉主　及以滿賢王　曠野金毗羅　賓度羅黃色

此等藥叉王　各五百眷屬　見聽此經者　皆來共擁護

彩軍健闥婆　華王常戰勝　珠頸及青頸　并勃里沙王

秋軍健闥婆　華王常戰勝　珠頸及青頸　并勃里沙王
大寂勝大黑　蘇跋拏雞舍　半之迦羊足　及以大婆伽
小渠并護法　及以孫稚王　針毛及日友　寶髮皆來護
大渠諾拘羅　蒱擅欲中勝　舍羅及雷山　及以婆多山
皆有大神通　雄猛具大力　見持此經者　皆來相擁護
阿那婆荅多　及以娑揭羅　目真醫羅葉　難陁小難陁
於百千龍中　神通具威德　共護持經人　晝夜常不離
婆稚羅睺羅　毗摩質多羅　母旨苫跋羅　大肩及歡喜
及餘蘇羅王　并無數天衆　大力有勇健　皆來護是人
訶利底母神　五百藥叉衆　於彼人睡覺　常來相擁護
蒱荼蒱荼利　藥叉蒱稚女　昆帝拘吒齒　吸衆生精氣
如是諸神衆　大力有神通　常護持經者　晝夜恒不離
上首辯才天　無量諸天女　吉祥天為首　并餘諸眷屬
此大地神女　果實園林神　樹神江河神　制底諸神等
如是諸天神　心生大歡喜　彼皆來擁護　讀誦此經人

見有持經者　增壽命色力　威光及福德　妙相以莊嚴
星宿現災變　困厄當此人　夢見惡徵祥　皆悉令除滅
此大地神女　堅固有威勢　由此經力故　法味常充足
地肥若流下　過百踰繕那　地神令味上　滋潤於大地
此地厚六十　八億踰繕那　乃至金剛際　地味皆令上
由聽此經王　獲大功德蘊　能使諸天衆　悉蒙其利益
能令諸天衆　威力有光明　歡喜常安樂　捨離於衰相
於此南洲內　林菓苗稼神　由此經威力　心常得歡喜
苗實皆成就　處處有妙花　菓實並滋繁　充滿於大地
所有諸果樹　及以衆園林　悉皆生妙花　香氣常芬馥
衆草諸樹木　咸出微妙花　及生甘美果　隨處皆充遍
於此贍部洲　無量諸龍女　心生大歡喜　皆共入池中
種植鉢頭摩　及以分陁利　青白二蓮花　池中皆遍滿
由此經威力　虛空淨無翳　雲霧皆除遣　冥闇悉光明

種植鉢頭摩　及以分陀利　青白二蓮花　池中皆遍滿

由此經威力　虛空淨無翳　雲霧皆除遣　冥闇悉光明

日出放千光　無垢焰清淨　由此經王力　流暉遶四天

此經威德力　資助於天子　皆用贍部金　而作於宮殿

日天子初出　見此洲歡喜　常以大光明　周遍皆照耀

於斯大地內　所有蓮花池　日光照及時　無不盡開發

於此贍部洲　田疇諸果藥　悉皆令善熟　充滿於大地

由此經威力　日月所照處　星辰不失度　風雨皆順時

遍此贍部洲　國土咸豐樂　隨有此經處　殊勝倍餘方

若此金光明　經典流布處　有能講誦者　悉得如上福

尒時大吉祥天女及諸天等聞佛所說皆大歡喜於此經王及受持者一心擁護令無憂惱常得安樂

金光明最勝王經授記品第廿三

尒時如來於大衆中廣說法已欲為妙幢菩

薩及其二子銀幢銀光授阿耨多羅三藐三
菩提記時有十千天子最勝光明而爲上首
俱從三十三天來至佛所頂礼佛足却坐一
面聽佛說法尒時佛告妙幢菩薩言汝於來
世過無量無數百千万億那庾多劫已於金
光明世界當成阿耨多羅三藐三菩提号金
寶山王如來應正遍知明行足善逝世間解
無上士調御丈夫天人師佛世尊出現於世
時此如來般涅槃後所有教法亦皆滅盡時
彼長子名曰銀幢即於此界次補佛處世界
尒時轉名淨幢當得作佛名曰金幢光如來
應正遍知明行足善逝世間解無上士調御丈
夫天人師佛世尊時此如來般涅槃後所有
教法亦皆滅盡次子銀光即補佛處還於此

天人師佛世尊時此如來般涅槃後所有
教法亦皆滅盡次子銀光即補佛處還於此
界當得作佛号曰金光明如來應正遍知明
行足善逝世間解无上士調御丈夫天人師
佛世尊是時十千天子聞三大士得授記已
復聞如是最勝王經心生歡喜清淨無垢猶
如虛空尒時如來知是十千天子善根成熟即
便與授大菩提記汝等天子於當來世過無
量無數百千万億那庚多劫於最勝因陁
羅高幢世界得成阿耨多羅三藐三菩提同
一種性又同一名号曰面目清淨優鉢羅香
山十号具足如是次第十千諸佛出現於世
尒時菩提樹神白佛言世尊是十千天子從
三十三天為聽法故來詣佛所云何如來便
與受記已當得成佛世尊我未曾聞是諸天子

具足修習六波羅蜜多難行苦行捨於手足
頭目髓腦眷屬妻子象馬車乘奴婢僕使宮
殿園林金銀琉璃車𤦲碼碯珊瑚虎珀璧玉
珂貝飲食衣服臥具醫藥如餘無量百千菩
薩以諸供具供養過去無數百千万億那庾
多佛如是菩薩各經無量無邊劫數然後方
得受菩提記世尊是諸天子以何因緣修何
勝行種何善根從彼天來暫時聞法便得授
記唯願世尊為我解說斷除疑網佛告地神
善女天如汝所說皆從勝妙善根因緣勤苦
修已方得授記此諸天子於妙天宮捨五欲
樂故來聽是金光明經既聞法已於是經中
心生慇重如淨瑠璃無諸瑕穢復得聞此三
大菩薩授記之事亦由過去久修正行誓願

BD00483　金光明最勝王經卷九

大菩薩授記之事亦由過去久修正行誓願
因緣是故我今皆與授記於未來世當成阿
耨多羅三藐三菩提時彼樹神聞佛說已歡
喜信受

金光明最勝王經除病品第廿四

佛告菩提樹神善女天諦聽諦聽善思念之
是十千天子本願因緣今為汝說善女天過
去無量不可思議阿僧企耶劫尒時有佛出
現於世名曰寶髻如來應正遍知明行足善
逝世間解無上士調御丈夫天人師佛世尊
善女天時彼世尊般涅槃後正法滅已於像
法中有王名曰天自在光常以正法化於人
民猶如父母是王國中有一長者名曰持水
善解醫明妙通八術衆生病苦四大不調咸
能救療善女天尒時持水長者唯有一子名

曰流水顔容端正人所樂觀受性聰敏妙閑
諸論書畫筭印無不通達時王國内有无量
百千諸衆生類皆遇疫疾衆苦所逼乃至無
有歡樂之心善女天尒時長者子流水見是
無量百千衆生受諸病苦起大悲心作如是
念無量衆生爲諸病苦之所逼迫我父長者
雖善醫方妙通八術能療衆病四大增損然
已衰邁老耄虛羸要假扶策方能進步不復
能往城邑聚落救諸病苦今有無量百千衆
生皆遇重病無能救者我今當至大醫父所
諮問治病醫方秘法若得解已當往城邑聚
落之所救諸衆生種種病令於長夜得受
安樂時長者子作是念已即詣父所稽首礼
足合掌恭敬却住一面即以伽他請其父曰

如是時長者子作是念已即詣父所稽首禮
足合掌恭敬却住一面即以伽他請其父曰
慈父當哀愍　我欲救衆生　今請諸醫方　幸願為我說
云何身衰壞　諸大有增損　復在何時中　能生諸疾病
云何噉飲食　得受於安樂　能使内身中　火勢不衰損
衆生有四病　風黄熱痰癊　及以惣集病　云何而療治
何時風病起　何時熱病發　何時動痰癊　何時惣集生
時彼長者聞子請已復以伽他而荅之曰
我今依古仙　所有療病法　次第為汝說　善聽救衆生
三月是春時　三月名為夏　三月名秋分　三月謂冬時
此據一年中　三三而別說　二二為一節　便成歲六時
初二是花時　三四名熱際　五六名雨際　七八謂秋時
九十是寒時　後二名氷雪　既知如是別　授藥勿令差
當隨此時中　調息於飲食　入腹令消散　衆病則不生
節氣若變改　四大有推移　此時無藥資　必生於病苦

醫人解四時　復知其六節　明閑身七界　食藥使無差
謂味界血肉　膏骨及髓腦　病入此中時　知其可療不
病有四種別　謂風熱痰癊　及以揔集病　應知發動時
春中痰癊動　夏內風病生　秋時黃熱增　冬節三俱起
春食澀熱辛　夏膩熱鹹醋　秋時冷甜膩　冬酸澀膩甜
於此四時中　服藥及飲食　若依如是味　衆病無由生
食後病由癊　食消時由熱　消後起由風　准時消識病
既識病源已　隨病而設藥　假令患狀殊　先須療其本
風病服油膩　患熱利為良　癊病應變吐　揔集須三藥
風熱癊俱有　是名為揔集　雖知病起時　應觀其本性
如是觀知已　順時而授藥　飲食藥無差　斯名善醫者
復應知八術　揔攝諸醫方　於此若明閑　可療衆生病
謂針刺傷破　身疾并鬼神　惡毒及孩童　延年增氣力
先觀彼形色　語言及性行　然後問其夢　知風熱癊殊

謂金木像礙　身疾并鬼神　惡毒及孩童　近先增氣力
先觀彼形色　語言及性行　然後問其夢　知風熱癊殊
乾瘦少頭髮　其心無定住　多語夢飛行　斯人是風性
少年生白髮　多汗及多瞋　聰明夢見火　斯人是熱性
心定身平整　慮審頭津膩　夢見水白物　是癊性應知
惣集性俱有　或二或具三　隨有一偏增　應知是其性
既知夲性已　准病而授藥　驗其無死相　方名可救人
諸根倒取境　尊醫人起慢　親友生瞋恚　是死相應知
左眼白色變　舌黑鼻梁欹　耳輪與舊殊　下脣垂向下
訶梨勒一種　具足有六味　能除一切病　無忌藥中王
又三果三辛　諸藥中易得　沙糖蜜蘇乳　此能療衆病
自餘諸藥物　隨病可增加　先起慈愍心　莫規於財利
我已為汝說　療疾中要事　以此救衆生　當獲無邊果
善女天，尒時長者子流水親問其父八術之
要，四大增損，時節不同，餌藥方法，既善了知

自付堪能救療衆病即便遍至城邑聚落所
在之處隨有百千万億病苦衆生皆至其所
善言慰喻作如是語我是醫人我是醫人善
知方藥今為汝等療治衆病悉令除愈善女
天尒時衆人聞長者子善言慰喻許為治病
時有無量百千衆生遇極重病聞是語已身
心踊躍得未曾有以此因緣所有病苦悉得
蠲除氣力充實平復如本善女天尒時復有
無量百千衆生病苦深重難療治者即共往
詣長者子所重請醫療時長者子即以妙藥
令服皆蒙除差善女天是長者子於此國內
百千万億衆生病苦悉得除差

金光明最勝王經長者子流水品第廿五

尒時佛告菩提樹神善女天尒時長者子流

金光明最勝王經長者子流水品第廿五

尒時佛告菩提樹神善女天尒時長者子流

水扵往昔時在天自在光王國内療諸衆生

所有病苦令得平復受安隱樂時諸衆生以

病除故多脩福業廣行惠施以自歡娛即共

往詣長者子所咸生尊敬作如是言善哉善

哉大長者子善能滋長福德之事增益我等

安隱壽命仁今實是大力醫王慈悲菩薩妙

閑醫藥善療衆生無量病苦如是稱歎周

遍城邑善女天時長者子妻名水肩藏有其

二子一名水滿二名水藏是時流水將其二子

漸次遊行城邑聚落過空澤中深險之處見

諸禽獸豺狼狐玃鵰鷲之屬食血肉者皆悉

奔飛一向而去時長者子作如是念此諸禽

獸何因緣故一向飛走我當隨後暫往觀之

即便隨去見有大池名曰野生其水將盡於
此池中多有衆魚流水見已生大悲心時有
樹神示現半身作如是語善哉善哉善男子
汝有實義名流水者可愍此魚應與其水有
二因緣名為流水一能流水二能與水汝今應
當隨名而作是時流水問樹神言此魚頭數
為有幾何樹神荅曰數滿十千善女天時長
者子聞是數已倍益悲心時此大池為日所
曝餘水無幾是十千魚將入死門旋身婉轉
見是長者心有所希隨逐瞻視目未曾捨時
長者子見是事已馳趣四方欲覓於水竟不
能得復望一邊見有大樹即便昇上折取枝
葉為作蔭涼復更推求此池中從何處來
尋覓不已見一大河名曰水生時此河邊有

BD00483　金光明最勝王經卷九

菓為作蔭涼復更推求此池中水從何處來
尋覓不已見一大河名曰水生時此河邊有
諸漁人為取魚故於河上流懸險之處決棄
其水不令下過於所決處卒難脩補便作是
念此崖深峻設百千人時經三月亦未能
斷況我一身而堪濟辦時長者子速還本城
至大王所頭面礼足却住一面合掌恭敬作
如是言我為大王國土人民治種種病悉令
安隱漸次遊行至某空澤見有一池名曰野
生其水欲涸有十千魚為日所暴將死不久
唯願大王慈悲愍念與二十大象暫往負水
濟彼魚命如我與諸病人壽命尒時大王即
勑大臣速疾與此醫王大象時彼大臣奉王
勑已白長者子善哉大士仁今自可至象廄
中隨意選取二十大象利益衆生令得安樂

是時流水及其二子將二十大象又從治家
多借皮囊往決水處以囊盛水象負至池寫
置池中水即彌滿還復如故善女天時長者
子於池四邊周旋而視時彼衆魚亦復隨逐
循岸而行時長者子復作是念衆魚何故隨
我而行必為飢火之所惱逼復欲從我求索
於食我今當與尒時長者子流水告其子言
汝取一象家大力者速至家中啓父長者家
中所有可食之物乃至父母食噉之分及以妻
子奴婢之分悉皆收取即可持來尒時二子
受父教已乘㝡大象速往家中至祖父所
說如上事收取家中可食之物置於象上
疾還父所至彼池邊是時流水見其子來身
心喜踴遂取餅食遍散池中魚得食已悉皆

疾還父所至彼池邊是時流水見其子来身
心喜躍遂取餅食遍散池中魚得食已悉皆
飽足便作是念我今施食令魚命願於来
世當施法食充濟無邊復更思惟我先曾於
空閑林處見一苾蒭讀大乘經說十二緣生
甚深法要又經中說若有衆生臨命終時得
聞寶髻如来名者即生天上我今當為是十
千魚演說甚深十二緣起亦當稱說寶髻佛
名然贍部洲有二種人一者深信大乘二者不
信毀呰亦當為彼增長信心時長者子作如
是念我入池中可為衆魚說深妙法作是念
已即便入水唱言南謨過去寶髻如来應
正遍知明行足善逝世間解無上士調御丈
夫天人師佛世尊此佛往昔修菩薩行時作
是誓願令十方界所有衆生臨命終時聞我

名者命終之後得生三十三天尒時流水復為池
魚演說如是甚深妙法此有故彼有此生故
彼生所謂無明緣行行緣識識緣名色名色
緣六處六處緣觸觸緣受受緣愛愛緣
取取緣有有緣生生緣老死憂悲苦惱此
滅故彼滅所謂無明滅則行滅行滅則識滅識
滅則名色滅名色滅則六處滅六處滅則觸
滅觸滅則受滅受滅則愛滅愛滅則取滅取
滅則有滅有滅則生滅生滅則老死滅老死
滅則憂悲苦惱滅如是純極苦蘊悉皆除滅
說是法已復為宣說十二緣起相應陁羅尼
曰
怛姪他　毗折你毗折你　毗　折　你
僧塞枳你　僧塞枳你　僧塞枳你

怛姪他　毗折你毗折你　毗折你
僧塞枳你　僧塞枳你　僧塞枳你
毗尒你　毗尒你　毗尒你莎訶
怛姪他　那須你那須你　那須你
敎雉你　敎雉你　敎雉你
颯鉢哩設你　颯鉢哩設你　颯鉢哩設你莎訶
怛姪他　薜達你薜達你　薜達你
窒里瑟你你　薜里瑟你你　窒里瑟你你
鄔波地你　鄔波地你　鄔波他你莎訶
怛姪他　婆毗你婆毗你　波毗你
闍底（丁里反下同）你　闍底你　闍底你
闍摩你你　闍摩你你　闍摩你你莎訶

尒時世尊為諸大衆說長者子昔緣之時諸人天衆歎未曾有時四大天王各於其處異口同音作如是說

善哉釋迦尊　說妙法明呪　生福除衆惡　十二支相應
我等亦說呪　擁護如是法　若有生違逆　不善隨順者
頭破作七分　猶如蘭香梢　我等於佛前　共說其呪曰
怛姪他　呬　里　謎　揭　睇　健　陁
旃　荼　里　地　囇　騶伐囇　石呬伐囇
補囉布囇短短末底　崎囉末底達地目帝
窶嚕婆母嚕婆　具荼母嚕健提
杜嚕杜嚕　毗　囇　翳迡恚迡沓（徒合反　下同）婫
達沓婫鄔恚怛哩　烏率吒羅伐底
頻剌娑伐底　鉢杜摩伐底
俱蘇摩伐底　莎訶
佛告善女天尒時長者子流水及其二子為
彼池魚施水施食并說法已俱共還家是長
者子流水復於後時因有聚會設衆伎樂醉

從池魚施水施食并說法已俱共還家是長
者子流水復於後時因有聚會設衆伎樂醉
酒而卧時十千魚同時命過生三十三天起如
是念我等以何善業因緣生此天中便相謂
曰我等先於贍部洲内墮傍生中共受魚身
長者子流水施我等水及以餅食復爲我等
說甚深法十二緣起及陁羅尼復稱寶髻如
來名号以是因緣能令我等得生此天是故
我今咸應詣彼長者子所報恩供養尒時十
千天子即於天没至贍部洲大醫王所時長
者子在高樓上安隱而睡時十千天子共
以十千真珠瓔珞置其頭邊復以十千置其
足處復以十千置於右脅復以十千置左脅
邊雨曼陁羅花摩訶曼陁羅花積至于膝光
明普照種種天樂出妙音聲令贍部洲有睡眠

者皆悉覺悟長者子流水亦從睡寤是時十
千天子爲供養已即扵空中飛騰而去扵天自
在光王國内處處皆雨天妙蓮花是諸天子
復至本處空澤池中雨衆天蓮便扵此没還
天宫殿隨意自在受五欲樂天自在光王至
天曉已問諸大臣昨夜何緣忽現如是希有
瑞相放大光明大臣荅言大王當知有諸天
衆扵長者子流水家中雨四十千真珠瓔珞
及天曼陁羅花積至于膝王告臣曰詣長者
家喚取其子大臣受勑即至其家奉宣王命
喚長者子時長者子即至王所王曰何緣昨
夜亦現如是希有瑞相長者子言如我思忖
定應是彼池内衆魚如經所説命終之後得
生三十三天彼来報恩故現如是希奇之相王

定應是彼池所棄魚如經所說命終之後得
生三十三天彼來報恩故現如是希奇之相王
曰何以得知流水荅曰王可遣使并我二子往
彼池所驗其虛實彼十千魚為死為活王
聞是語即便遣使及子向彼池邊見其池
中多有曼陀羅花積成大聚諸魚並死見已
馳還為王廣說王聞是已心生歡喜歎未曾
有尒時佛告菩提樹神善女天汝今當知昔
時長者子流水者即我身是持水長者即妙
幢是彼之二子長子水滿即銀幢是次子水
藏即銀光是彼天自在光王者即汝菩提樹
神是十千魚者即十千子是因我往昔以
水濟魚與食令飽為說甚深十二緣起並
相應陀羅尼呪又為稱彼寶髻佛名因此善
根得生天上今來我所歡喜聽法我皆當為

授於阿耨多羅三藐三菩提記說其名号
善女天如我往昔於生死中輪迴諸有廣為利
益令無量衆生悉令次第成無上覺與其授
記汝等皆應勤求出離勿為放逸尒時大衆
聞說是已悉皆悟解由大慈悲救護一切勤
修苦行方能證獲無上菩提咸發深心信受
歡喜

金光明最勝王經卷第九

耄毛報 痰徒甘 癊於禁 貜俱縛 枳居尒 弭祢氏 媲普詣 睇啼計 捎所交

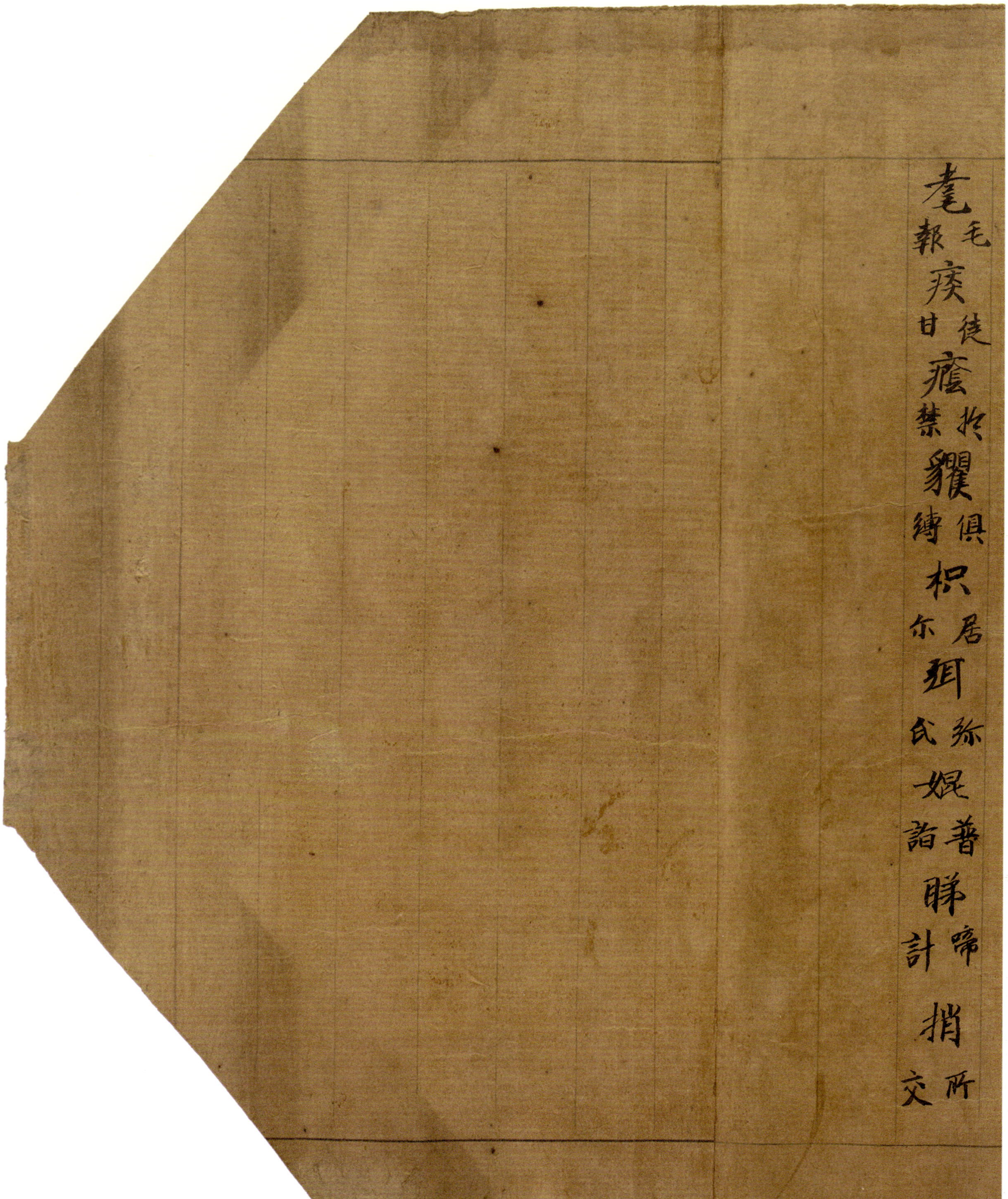
毳 毛報
痰 徒甘
癊 於禁
玃 俱縛
枳 居尔
弭 弥氏
娓 普諸
睇 啼計
捎 所交

BD00484 妙法蓮華經卷四

（後秦）鳩摩羅什 譯

481cm × 25.3cm

皆有寶師子之座高五由旬亦以大寶而校飾
之亦无大海江河及目真鄰陁山摩訶目真鄰
陁山鐵圍山大鐵圍山須弥山等諸山王通為
一佛國土寶地平正寶交露縵遍覆其上
懸諸幡蓋燒大寶香諸天寶華遍布其地
尒時東方釋迦牟尼佛所分之身百千万億那
由他恒河沙等國土中諸佛各各說法來集
於此如是次第十方諸佛皆悉來集坐於八方
尒時一一方四百万億那由他國土諸佛如
來遍滿其中是時諸佛各在寶樹下坐師子
座皆遣侍者問訊釋迦牟尼佛各賫寶華
滿掬而告之言善男子汝往詣耆闍崛山釋迦
牟尼佛所如我辭曰少病少惱氣力安樂及

菩薩聲聞衆悉安隱不以此寶華散佛供養
而作是言彼某甲佛與欲開此寶塔諸佛遣
使亦復如是尒時釋迦牟尼佛見所分身佛悉
已來集各各坐於師子之座皆聞諸佛與欲
同開寶塔即從座起住虛空中一切四衆起
立合掌一心觀佛於是釋迦牟尼佛以右指
開七寶塔戶出大音聲如却關鑰開大城門即
時一切衆會皆見多寶如來於寶塔中坐
師子座全身不散如入禪定又聞其言善哉
善哉釋迦牟尼佛快說是法華經我為聽是
經故而來至此尒時四衆等見過去无量千
万億劫滅度佛說如是言歎未曾有以天寶
華聚散多寶佛及釋迦牟尼佛上尒時多
寶佛於寶塔中

華聚散多寶佛上尒時多
寶佛於寶塔中分半座與釋迦牟尼佛而作
是言釋迦牟尼佛可就此座即時釋迦牟尼
佛入其塔中坐其半座結跏趺坐尒時大衆
見二如来在七寶塔中師子座上結跏趺坐
各作是念佛座高遠唯願如来以神通力令
我等輩俱處虚空即時釋迦牟尼佛以神通
力接諸大衆皆在虚空以大音聲普告四衆
誰能於此娑婆國土廣說妙法華經今正是
時如来不久當入涅槃佛欲以此妙法華經
付囑有在尒時世尊欲重宣此義而說偈言
聖主世尊　雖久滅度　在寶塔中　尚為法来
諸人云何　不勤為法　此佛滅度　无央數劫
處處聽法　以難遇故　彼佛本願　我滅度後

不不可往　常爲聽法　又我分身　无量諸佛
如恒沙等　来欲聽法　及見滅度　多寶如来
各捨妙土　及弟子衆　天人龍神　諸供養事
令法久住　故来至此　爲坐諸佛　以神通力
移无量衆　令國清淨　諸佛各各　詣寶樹下
如清淨池　蓮華莊嚴　其寶樹下　諸師子座
佛坐其上　光明嚴飾　如夜闇中　然大炬火
身出妙香　遍十方國　衆生蒙薰　喜不自勝
譬如大風　吹小樹枝　以是方便　令法久住
告諸大衆　我滅度後　誰能護持　讀說斯經
今於佛前　自說誓言
其多寶佛　雖久滅度　以大誓願　而師子吼
多寶如来　及與我身　所集化佛　當知此意
[illegible]

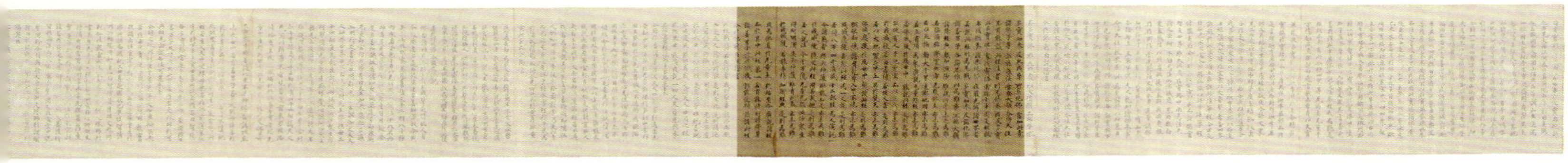

多寶如來　及與我身　所集化佛　當知此意
諸佛子等　誰能護法　當發大願　令得久住
其有能護　此經法者　則爲供養　我及多寶
此多寶佛　處於寶塔　常遊十方　爲是經故
亦復供養　諸來化佛　莊嚴光飾　諸世界者
若說此經　則爲見我　多寶如來　及諸化佛
諸善男子　各諦思惟　此爲難事　宜發大願
諸餘經典　數如恒沙　雖說此等　未足爲難
若接須弥　擲置他方　无數佛土　亦未爲難
若以足指　動大千界　遠擲他國　亦未爲難
若立有頂　爲衆演說　无量餘經　亦未爲難
若佛滅後　於惡世中　能說此經　是則爲難
假使有人　手把虛空　而以遊行　亦未爲難
於我滅後　若自書持　若使人書　是則爲難

若以大地　置足甲上　昇於梵天　亦未為難
佛滅度後　於惡世中　暫讀此經　是則為難
假使劫燒　擔負乾草　入中不燒　亦未為難
我滅度後　若持此經　為一人說　是則為難
若持八万　四千法藏　十二部經　為人演說
令諸聽者　得六神通　雖能如是　亦未為難
於我滅後　聽受此經　問其義趣　是則為難
若人說法　令千万億　无量无數　恒沙衆生
得阿羅漢　具六神通　雖有此益　亦未為難
於我滅後　若能奉持　如斯經典　是則為難
我為佛道　於无量土　從始至今　廣說諸經
而於其中　此經第一　若有能持　則持佛身
諸善男子　於我滅後　誰能受持　讀誦此經
今於佛前　自說誓言

BD00484　妙法蓮華經卷四

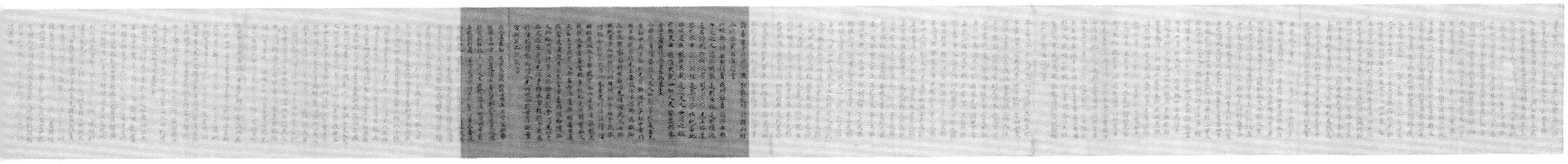

諸善男子於我滅後　誰能受持讀誦此經
今於佛前自說誓言
此經難持若暫持者　我則歡喜諸佛亦然
如是之人諸佛所歎　是則勇猛是則精進
是名持戒行頭陀者　則爲疾得无上佛道
能於來世讀持此經　是真佛子住純善地
佛滅度後能解其義　是諸天人世間之眼
於恐畏世能須臾說　一切天人皆應供養

妙法蓮華經提婆達多品第十二

尒時佛告諸菩薩及天人四衆吾於過去无
量劫中求法華經无有懈惓於多劫中常作
國王發願求於无上菩提心不退轉爲欲滿
足六波羅蜜勤行布施心无悋惜象馬七珎
國城妻子奴婢僕從頭目髓腦身肉手足不

惜軀命時世人民壽命无量為於法故捐捨
國位委政太子擊鼓宣令四方求法誰能為
我說大乘者吾當終身供給走使時有仙人
來白王言我有大乘名妙法蓮華經若不違
我當為宣說王聞仙言歡喜踊躍即随仙
人供給所須採菓汲水拾薪設食乃至以身
而為床座身心无倦于時奉事經於千歲為
於法故精勤給侍令无所乏尒時世尊欲重
宣此義而說偈言
我念過去劫　為求大法故　雖作世國王　不貪五欲樂
椎鍾告四方　誰有大法者　若為我解說　身當為奴僕
時有阿私仙　來白於大王　我有微妙法　世間所希有
若能脩行者　吾當為汝說　時王聞仙言　心生大喜悅
即便隨仙人　供給於所須　採薪及菓蓏　隨時恭敬與

BD00484　妙法蓮華經卷四

若能脩行者　吾當為汝說　時王聞仙言　心生大喜悅
即便隨仙人　供給於所須　採薪及果蓏　隨時恭敬與
情存妙法故　身心无懈惓　普為諸衆生　勤求於大法
亦不為己身　及以五欲樂　故為大國王　勤求獲此法
遂致得成佛　今故為汝說
佛告諸比丘　尒時王者　則我身是　時仙人者
今提婆達多是　由提婆達多善知識故　令我
具足六波羅蜜　慈悲喜捨　三十二相　八十種
好　紫磨金色　十力　四无所畏　四攝法　十八不共
神通道力　成等正覺　廣度衆生　皆因提婆
達多善知識故　告諸四衆　提婆達多却後過
无量劫　當得成佛　号曰天王如來應供正遍
知明行足善逝世間解无上士調御丈夫天
人師佛世尊　世界名天道　時天王佛住世廿

十中劫廣為眾生說於妙法恒河沙眾生得
阿羅漢果无量眾生發緣覺心恒河沙眾生
發无上道心得无生法忍至不退轉時天王
佛般涅槃後正法住世二十中劫全身舍利
起七寶塔高六十由旬縱廣四十由旬諸天人
民悉以雜華末香燒香塗香衣服瓔珞
幢幡寶蓋伎樂歌頌礼拜供養七寶妙塔无
量眾生得阿羅漢果无量眾生悟辟支佛不可
思議眾生發菩提心至不退轉佛告諸比丘
未來世中若有善男子善女人聞妙法華經
提婆達多品淨心信敬不生疑惑者不墮地
獄餓鬼畜生生十方佛前所生之處常聞此
經若生人天中受勝妙樂若在佛前蓮華化
生於時下方多寶世尊所從菩薩名曰智積

BD00484　妙法蓮華經卷四

經若生人天中受勝妙樂若在佛前蓮華化
生於時下方多寶世尊所從菩薩名曰智積
白多寶佛當還本土釋迦牟尼佛告智積曰
善男子且待須臾此有菩薩名文殊師利可
與相見論說妙法可還本土
尒時文殊師利坐千葉蓮華大如車輪俱來
菩薩亦坐寶蓮華從於大海娑竭羅龍宮自
然踊出住虛空中詣靈鷲山從蓮華下至於
佛所頭面敬禮二世尊足修敬已畢往智積
所共相慰問却坐一面智積菩薩問文殊師
利仁往龍宮所化衆生其數幾何文殊師利
言其數无量不可稱計非口所宣非心所測且
待須臾自當有證所言未竟无數菩薩坐
寶蓮華從海踊出詣靈鷲山住在虛空此

諸菩薩皆是文殊師利之所化度具菩薩行
皆共論說六波羅蜜本聲聞人在虛空中說
聲聞行今皆脩行大乘空義文殊師利謂智
積曰於海教化其事如此尒時智積菩薩以
偈讚曰
大智德勇健　化度无量衆　今此諸大會　及我皆已見
演暢實相義　開闡一乘法　廣導諸衆生　令速成菩提
文殊師利言我於海中唯常宣說妙法華經
智積問文殊師利言此經甚深微妙諸經中
寶世所希有頗有衆生勤加精進脩行此經
速得佛不文殊師利言有娑竭羅龍王女年
始八歲智慧利根善知衆生諸根行業得陀
羅尼諸佛所說甚深祕藏悉能受持深入

BD00484　妙法蓮華經卷四

女八歲智慧利根善知衆生諸根行業得陀
羅尼諸佛所說甚深秘藏悉能受持深入
禪定了達諸法於剎那頃發菩提心得不退
轉辯才无礙慈念衆生猶如赤子功德具足心
念口演微妙廣大慈悲仁讓志意和雅能至
菩提智積菩薩言我見釋迦如來於无量劫
難行苦行積功累德求菩提道未曾止息觀
三千大千世界乃至无有如芥子許非是菩
薩捨身命處為衆生故然後乃得成菩提
道不信此女於須臾頃便成正覺言論未訖時
龍王女忽現於前頭面禮敬却住一面以偈讚
曰
深達罪福相　遍照於十方　微妙淨法身　具相三十二
以八十種好　用莊嚴法身　天人所戴仰　龍神咸恭敬
一切衆生類　无不宗奉者　又聞成菩提　唯佛當證知

我闡大乘教　度脫苦衆生
時舍利弗語龍女言汝謂不久得无上道是事
難信所以者何女身垢穢非是法器云何能
得无上菩提佛道懸曠逕无量劫勤苦積
行具脩諸度然後乃成又女人身猶有五鄣一
者不得作梵天王二者帝釋三者魔王四者
轉輪聖王五者佛身云何女身速得成佛尒
時龍女有一寶珠價直三千大千世界持以
上佛佛即受之龍女謂智積菩薩尊者舍利
弗言我獻寶珠世尊納受是事疾不荅言甚
疾女言以汝神力觀我成佛復速於此當時衆
會皆見龍女忽然之間變成男子具菩薩
行即往南方无垢世界坐寶蓮華成等正覺
三十二相八十種好普為十方一切衆生演

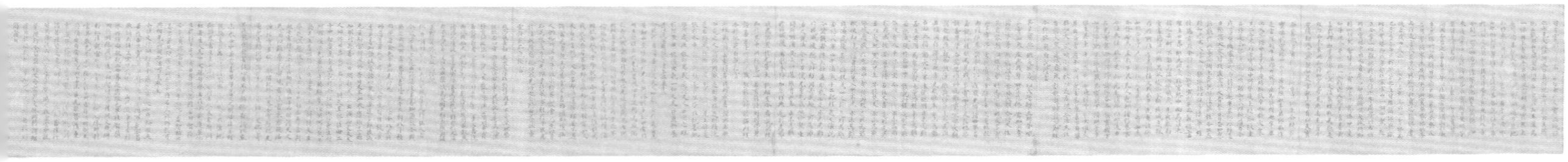

三十二相八十種好普為十方一切衆生演
說妙法尒時娑婆世界菩薩聲聞天龍八部
人與非人皆遥見彼龍女成佛普為時會人
天說法心大歡喜悉遥敬禮无量衆生聞法
解悟得不退轉无量衆生得受道記无垢世
界六反震動娑婆世界三千衆生住不退地三
千衆生發菩提心而得受記智積菩薩及
舍利弗一切衆會默然信受

妙法蓮華經勸持品第十三

尒時藥王菩薩摩訶薩及大樂說菩薩摩
訶薩與二万菩薩眷属俱皆於佛前作是誓言
唯願世尊不以為慮我等於佛滅後當奉持
讀誦說此經典後惡世衆生善根轉少多增
上慢貪利供養增不善根遠離解脫雖難可

教化我等當起大忍力讀誦此經持說書寫
種種供養不惜身命尒時眾中五百阿羅漢
得受記者白佛言世尊我等亦自誓願於異
國土廣說此經復有學無學八千人得受記
者從座而起合掌向佛作是誓言世尊我等
亦當於他國土廣說此經所以者何是娑婆
國中人多弊惡懷增上慢功德淺薄瞋濁諂
曲心不實故
尒時佛姨母摩訶波闍波提比丘尼與學無
學比丘尼六千人俱從座而起一心合掌瞻仰
尊顏目不暫捨於時世尊告憍曇彌何故憂
色而視如來汝心將無謂我不說汝名得授
阿耨多羅三藐三菩提記耶憍曇彌我先
總說一切聲聞皆已授記今汝欲知記者將來

BD00484　妙法蓮華經卷四

惣說一切聲聞 知記者將来
之世當於六 為大法師
及六千學无學比丘尼俱 法師汝如是漸
漸具菩薩道 得作佛 衆生喜見如
来應供正遍 无上士
調御丈夫天人師佛世尊 曇彌是一切衆
生喜見佛及 菩薩轉 記得阿耨多
羅三藐三菩 輪陁羅比
丘尼作是念世尊於授記中獨不說我名佛
告耶輸陁羅 於来世百千 諸佛法中
脩菩薩行 漸 善國中當
得作佛号具足千万光相如来應供正遍知明
行足善逝世 間解无上士 丈夫天人
師佛世尊 阿 摩訶

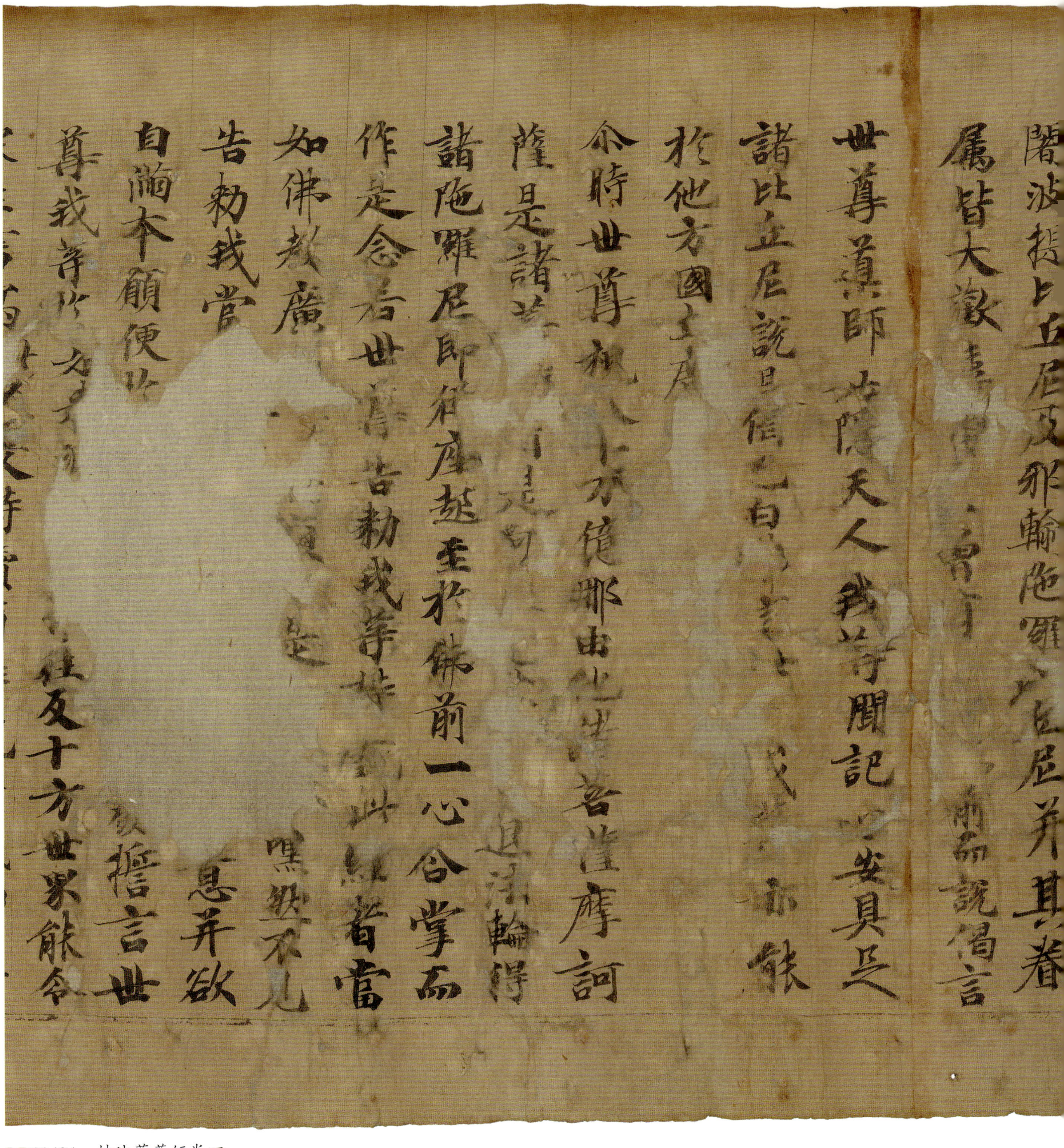

閣波提比丘尼及耶輸陀羅比丘尼并其眷
屬皆大歡喜得未曾有即於佛前而說偈言
世尊導師安隱天人我等聞記心安具足
諸比丘尼說是偈已白佛言世尊我等亦能
於他方國土廣宣此經
爾時世尊視八十萬億那由他諸菩薩摩訶
薩是諸菩薩皆是阿惟越致轉不退法輪得
諸陀羅尼即從座起至於佛前一心合掌而
作是念若世尊告勅我等持說此經者當
如佛教廣宣斯法復作是念佛今默然不見
告勅我當云何時諸菩薩敬順佛意并欲
自滿本願便於佛前作師子吼而發誓言世
尊我等於如來滅後周旋往反十方世界能令

BD00484　妙法蓮華經卷四

尊我等於如來滅後周旋往反十方世界能令
衆生書寫此經受持讀誦解說其義如法脩
行正憶念皆是佛之威力唯願世尊在於他
方遥見守護即時諸菩薩俱同發聲而說
偈言
唯願不為慮　於佛滅度後　恐怖惡世中　我等當廣說
有諸无智人　惡口罵詈等　及加刀杖者　我等皆當忍
惡世中比丘　邪智心諂曲　未得謂為得　我慢心充滿
或有阿練若　納衣在空閑　自謂行真道　輕賤人間者
貪著利養故　與白衣說法　為世所恭敬　如六通羅漢
是人懷惡心　常念世俗事　假名阿練若　好出我等過
而作如是言　此諸比丘等　為貪利養故　說外道論議
自作此經典　誑惑世間人　為求名聞故　分別於是經
常在大衆中　欲毀我等故　向國王大臣　婆羅門居士

及餘比丘眾 誹謗說我惡 謂是邪見人 說外道論議
我等敬佛故 悉忍是諸惡 為斯所輕言 汝等皆是佛
如此輕慢言 皆當忍受之
濁劫惡世中 多有諸恐怖 惡鬼入其身 罵詈毀辱我
我等敬信佛 當著忍辱鎧 為說是經故 忍此諸難事
我不愛身命 但惜無上道 我等於來世 護持佛所囑
世尊自當知 濁世惡比丘 不知佛方便 隨宜所說法
惡口而顰蹙 數數見擯出 遠離於塔寺 如是等眾惡
念佛告勅故 皆當忍是事
諸聚落城邑 其有求法者 我皆到其所 說佛所囑法
我是世尊使 處眾無所畏 我當善說法 願佛安隱住
我於世尊前 諸來十方佛 發如是誓言 佛自知我心

妙法蓮華經卷第四

妙法蓮華經卷第四

BD00485-1 大乘稻芉經

BD00485-2 妙法蓮華經卷七

（後秦）鳩摩羅什 譯

BD00485v 雜寫

226cm × 24.5cm

有緣名為因緣非无因无緣故是故名為因緣之法世尊略
說因緣之相彼緣生果如來出現若不出現法性常住乃至
法性法住性法定性与因緣相應性真如性无錯謬性无變
異性真實性　真際性不虛妄性不顛倒性等作如是說
此因緣法以其二種而得生起云何為二所謂因相應緣相應彼復
有二謂外及內此中何者是外因緣法因相應所謂從種生芽
從芽生葉從葉生莖從莖生節從節生穗從穗生花從花
生實若无種芽即不生乃至若无有花實亦不生有種
芽生如是有花實亦得生彼種亦不作是念我能生芽芽
亦不作是念我從種生乃至花亦不作是念我能生實實
亦不作是念我從花生雖然有種故而芽得生如是有花
故實即而能成就應如是觀外因緣法因相應義
應云何觀外因緣法緣相應義謂六界和合故以何六界和合
所謂地水火風空時界等和合外因緣法而得生起應如是

觀外因緣法緣相應義　地界者能持於種水界者潤漬於
種火界者能煖於種風界者動搖於種空界者不障於種
時則能變於種子若无此衆緣種則能不而生於芽若
其外地界无不具足如是乃至水火風空時等无不具足
一切和合種子滅時而芽得生　此中地界不作是念我能任持
種子如是水界亦不作是念我能潤漬於種火界亦不作是念
我能煖於種子風界亦不作是念我能動搖於種空界亦不
作是念我能不障於種時亦不作是念我能變於種子種子亦
亦不作是念我能生芽芽亦不作是念我今從此衆緣而生雖然
有此衆緣而種滅時芽即得生如是有花之時實即得生彼芽
亦非自作亦非他作非自他俱作非自在作亦非時變非自性生
亦非无因而生雖然地水火風空時界等和合種滅之時而芽得
生是故應如是觀外因緣法緣相應義　應以五種觀彼外
因緣法何等為五不常不斷不移從於小因而生大果與彼

因緣法何等為五不常不斷不移從於小因而生大果与彼
相似云何不常為芽與種各別異故彼芽非種非種壞時而
芽得生亦非不滅而得生起種壞之時而芽得生是故不常
云何不斷非過去種壞而生於芽亦非不滅而得生起種子亦壞
當尒之時如秤高下而芽得生是故不斷云何不移芽與種別
芽非種故是故不移云何小因而生大果從小種子而生大果
是故從於小因而生大果云何與彼相似如所殖種生彼果故是故
與彼相似是以五種觀外因緣之法　如是內因緣法亦以五種而得
生起云何為二所謂因相應緣相應何者是內因緣法因相應
義所謂始從无明緣行乃至生緣老死若无明不生行亦不
有乃至若无有生老死非有如是有无明故行乃得生乃至有
生故老死得有无明亦不作是念我能生行行亦不作念我從
无明而生乃至生亦不作是念我能生於老死老死亦不作念我從
生有雖然有无明行乃得生如是有生故老死得有是故應如是

觀內因緣法因相應義　應云何觀內因緣法緣相應事為云
界和合故以何六界和合所謂地水火風空識界等和合故應如
是觀內因緣法緣相應事　何者是內因緣法地界之相為
此身中作堅硬者名為地界為令此身而聚集者名為水界
能消身所食飲嚼噉者名為火界為此身中作內外出入息
者名為風界為此身中作虛通者名為空界五識界相應
身

蚖蛇及蝮蝎　氣毒煙火然　念彼觀音力　尋聲自迴去

BD00485-1　大乘稻芊經　　BD00485-2　妙法蓮華經卷七

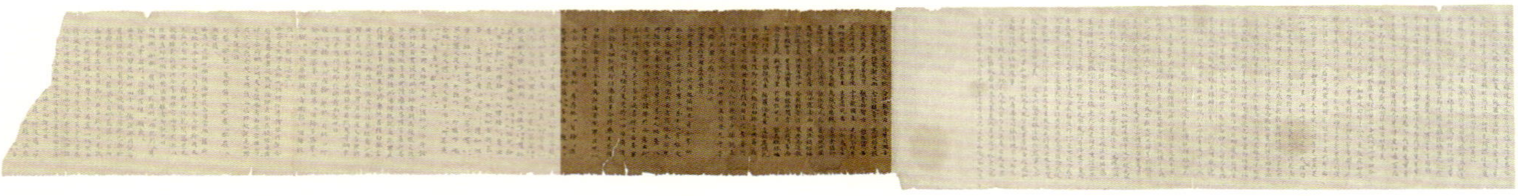

蚖蛇及蝮蠍　氣毒烟火然　念彼觀音力　尋聲自迴去
雲雷鼓掣電　降雹澍大雨　念彼觀音力　應時得消散
衆生被困厄　无量苦逼身　觀音妙智力　能救世間苦
具足神通力　廣脩智方便　十方諸國土　无刹不現身
種種諸惡趣　地獄鬼畜生　生老病死苦　以漸悉令滅
真觀清淨觀　廣大智慧觀　悲觀及慈觀　常願常瞻仰
无垢清淨光　慧日破諸闇　能伏灾風火　普明照世間
悲體戒雷震　慈意妙大雲　澍甘露法雨　滅除煩惱焰
諍訟逕官處　怖畏軍陣中　念彼觀音力　衆怨悉退散
妙音觀世音　梵音海潮音　勝彼世間音　是故須常念
念念勿生疑　觀世音淨聖　於苦惱死厄　能為作依怙
具一切功德　慈眼視衆生　福聚海无量　是故應頂礼
尒時持地菩薩即從座起前白佛言世尊若
有衆生聞是觀世音菩薩品自在之業普門
示現神通力者當知是人功德不少佛說是

普門品時衆中八万四千衆生皆發无等等
阿耨多羅三藐三菩提心

妙法蓮華經陁羅尼品第二十六

尒時藥王菩薩即從座起偏袒右肩合掌向
佛而白佛言世尊若善男子善女人有能受
持法華經者若讀誦通利若書寫經卷得幾
所福佛告藥王若有善男子善女人供養八
百万億那由他恒河沙等諸佛於汝意云何
其所得福寧為多不甚多世尊佛言若善男
子善女人能於是經乃至受持一四句偈讀
誦解義如說脩行功德甚多尒時藥王菩薩
白佛言世尊我今當與說法者陁羅尼呪以
守護之即說呪曰
安尒 一 曼尒 二 摩祢 三 摩摩祢 四 旨隸 五 遮
梨苐 六 賒咩 羊鳴音 七 賒履 罔雉反 多瑋 八 羶 輸千

BD00485-2　妙法蓮華經卷七

梨苐六睒咩（羊鳴音）七睒履（同上反）多瑋八䩭（輸干反）
帝九目帝十目多履十一婆履十二阿瑋婆履十三
柰履十四婆履十五叉喬十六阿叉喬十七阿耆膩十八
䩭帝十九睒履二十陁羅尼二十一阿盧伽婆婆（蘓柰反）
敷蕉毗叉膩二十二祢毗剃二十三阿便哆（都餓反）邏祢
履剃二十四阿亶哆波毿輸地（途賣反）二十五漚究毿
二十六牟究毿二十七阿羅毿二十八波羅毿二十九首迦
差（初几反）三十阿三磨三履三十一佛馱毗吉利袠
帝三十二達磨波利差（猜離反）帝三十三僧伽涅
瞿沙祢三十四婆舍婆舍輸地三十五曼哆邏三十六
曼哆邏叉夜多三十七郵樓哆三十八郵樓哆憍
舍略三十九惡叉邏四十惡叉冶多冶四十一阿婆盧
四十二阿摩若（荏蕉反）那多夜四十三
世尊是陁羅尼神呪六十二億恒河沙等諸
佛所説若有侵毀此法師者則爲侵毀是諸

佛已時釋迦牟尼佛讚藥王菩薩言善哉善
哉藥王汝愍念擁護此法師故說是陁羅尼
於諸衆生多所饒益尒時勇施菩薩白佛言
世尊我亦爲擁護讀誦受持法華經者說陁
羅尼若此法師得是陁羅尼若夜叉若羅刹
若富單那若吉蔗若鳩槃荼若餓鬼等伺求
其短无能得便即於佛前而說呪曰
痤（誓螺反）隸一摩訶痤隸二郁枳三目枳四阿
隸五阿羅婆苐六涅隸苐七涅隸多婆苐八
伊緻（猪履反）抳九韋緻抳十旨緻抳十一涅隸墀
抳十二涅犁墀婆底十三
世尊是陁羅尼神呪恒河沙等諸佛所說亦
皆隨喜若有侵毀此法師者則爲侵毀是諸
佛已尒時毗沙門天王護世者白佛言世尊
我亦爲愍念衆生擁護此法師故說是陁羅

佛已介時毗沙門天王護世者白佛言世尊
我亦為愍念衆生擁護此法師故說是陁羅
尼即說呪曰
阿梨一那梨二㝹那梨三阿那盧四那履五
拘那履六
世尊以是神呪擁護法師我亦自當擁護持
是經者令百由旬內无諸衰患介時持國天
王在此會中與千万億那由他乹闥婆衆恭
敬圍繞前詣佛所合掌白佛言世尊我亦以
陁羅尼神呪擁護持法華經者即說呪曰
阿伽祢一伽祢二瞿利三乹陁利四旃陁利五摩
蹬耆六常求利七浮樓莎柅八頞底九
世尊是陁羅尼神呪四十二億諸佛所說若
有侵毀此法師者則為侵毀是諸佛已介時
有羅刹女等一名藍婆二名毗藍婆三名曲
齒四名華齒五名黑齒六名多髮七名无猒

足八名持瓔珞九名睪帝十名奪一切衆生
精氣是十羅刹女與鬼子母并其子及眷屬
俱詣佛所同聲白佛言世尊我等亦欲擁護
受持法華經者除其衰患若有伺求法
於佛前而說呪曰
履三阿提履四伊
泥履九泥履
醯十五多

BD00485v　雜寫

BD00486 金剛般若波羅蜜經

（後秦）鳩摩羅什 譯

45.5cm × 26cm

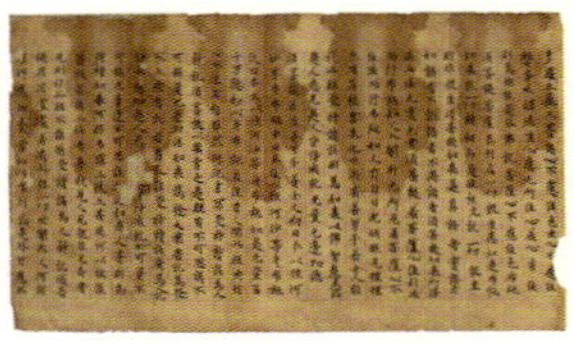

多羅三藐三菩提心不應住色生心不應住
聲香味觸法生心應无所住心若心有住
則為非住是故佛說菩薩心不應住色布施
須菩提菩薩為利益一切衆生應如是布施
如来說一切諸相即是非相又說一切衆生
則非衆生須菩提如来是真語者實語者
如語者不誑語者不異語者須菩提如来所得
法此法无實无虛須菩提若菩薩心住於法
而行布施如人入闇則无所見若菩薩心不
住法而行布施如人有目日光明照見種種
色須菩提當来之世若有善男子善女人能
於此經受持讀誦則為如来以佛智慧悉知
是人悉見是人皆得成就无量无邊功德
須菩提若有善男子善女人初日分以恒河

沙等身布施中日分復以恒河沙等身布施
後日分亦以恒河沙等身布施如是无量百
千万億劫以身布施若復有人聞此經典信
心不逆其福勝彼何況書寫受持讀誦為人
解說須菩提以要言之是經有不可思議不
可稱量无邊功德如來為發大乘者說為發
最上乘者說若有人能受持讀誦廣為人說
如來悉知是人悉[illegible]得成就不可量不
可稱无有邊不可思議功德如是人等則為
荷擔如來阿耨多羅三藐三菩提何以故須
菩提若樂小法者著我見人見衆生見壽者
見則於此經不能聽受讀誦為人解說須菩
提在在處處若有此經一切世間天人阿脩
羅所應供養當知此處則為是塔皆應恭

BD00487 金光明最勝王經卷二

（唐）義净 譯

619.9cm × 25.5cm

[illegible]
依法如如依如如
爲苐一不可思
難思議如是依法
難思議善男子云何法如如如
無分別而得自在事業成就善男
来入於涅盤願自在故種種事業
法如如如如智自在事成亦復如是
復次菩薩摩訶薩入無心定依前願力從禪
定起作衆事業如是二法無有分別自在事
成善男子譬如日月無有分別亦如水鏡無
有分別光明亦無分別三種和合得有影生
如是法如如如如智亦無分別以願自在故
衆生有感現應化身如日月影和合出現
善男子譬如無量無邊水鏡依於光故
得現種種異相空者即是無相善男子

[illegible]說弟子等是法身影以願力故於
現種種相於法身地無有異相善男
依此二身一切諸佛說有餘涅槃依此法
身說無餘涅槃何以故一切餘法究竟盡故
依此三身一切諸佛說無住處涅槃為二身
故不住涅槃離於法身無有別佛何故二身
不住涅槃二身假名不實念念生滅不定住
故數數出現以不定故法身不爾是故二身
不住涅槃法身不二是故不住涅槃故依三
身說無住涅槃
善男子一切凡夫為三相故有縛有障遠離
三身不至三身何者為三一者遍計所執相
二者依他起相三者成就相如是諸相不能
解故不能滅故不能淨故是故不得至於三
身如是三相能解能滅能淨能淨故是故諸佛具

解故不能滅故不能淨故是故不得至於三
身如是三相能解能滅能淨故是故諸佛具
足三身善男子諸凡夫人未能除遣此三心
故遠離三身不能得至何者為三一者起事
心二者依根本心三者根本心依諸伏道起
事心盡依法斷道依根本心盡依最勝道根
本心盡起事心滅故得現化身依根本心滅
故得顯應身根本心滅故得至法身是故一
切如來具足三身
善男子一切諸佛於弟一身與諸佛同事
於苐二身與諸佛同意於苐三身與諸佛同
體善男子是初佛身隨衆生意有多種故現
種種相是故說多苐二佛身弟子一意故現一
相是故說一苐三佛身過一切種相非執相
境界是故說名不一不二善男子是苐一身
依於應身得顯現故是苐二身依於法身得

顯現故是法身者是真實有無依處故善
男子如是三身以有義故而說於常以有義故
說於無常化身者恒轉法輪處處隨緣方便
相續不斷絕故是故說常非是本故具足大
用不顯現故說為無常應身者從無始來相
續不斷一切諸佛不共之法能攝持故衆生
無盡用亦無盡是故說常非是本故以具足
用不顯現故說為無常法身者非是行法無
有異相是根本故猶如虛空是故說常善男
子離無分別智更無勝智離法如如無勝境
界是法如如是慧如如是二種如如如如不一
不異是故法身慧清淨故滅清淨故是二清
淨是故法身具足清淨
復次善男子分別三身有四種異有化身非
應身有應身非化身有化身亦應身有非化

復次善男子分別三身有四種異有化身非
應身有應身非化身有化身亦應身有非化
身亦非應身何者化身非應身謂諸如來般
涅槃後以願自在故隨緣利益是名化身何
者應身非化身是地前身何者化身亦應身
謂住有餘涅槃之身何者非化身非應身謂
是法身善男子是法身者二無所有所顯現
故何者名為二無所有於此法身相及相處
二皆是無非有非無非一非異非數非非數
非明非闇如是如如智不見相及相處不見
非有非無不見非一非異不見非數非非數
不見非明非闇是故當知境界清淨智慧清
淨不可分別無有中間為滅道本故於此法
身能顯如來種種事業
善男子是身因緣境界處所果依於本難思
議故若了此義是身即是大乘是如來性是

如来藏依於此身得發初心修行地心而得
顯現不退地心亦皆得現一生補處心金剛
之心如来之心而悉顯現無量無邊如来妙
法皆悉顯現依此法身不可思議摩訶三昧
而得顯現依此法身得現一切大智是故二
身依於三昧依於智慧而得顯現如此法身
依於自體說常說我依大三昧故說於樂依
於大智故說清淨是故如来常住自在安樂
清淨依大三昧一切禪定首楞嚴等一切念
處大法念等大慈大悲一切陁羅尼一切神
通一切自在一切法平等攝受如是佛法悉
皆出現依此大智十力四無所畏四無礙辯
一百八十不共之法一切希有不可思議法
悉皆顯現譬如依如意寶珠無量無邊種種
珎寶悉皆得現如是依大三昧寶依大智慧寶

悉皆顯現譬如依如意寶珠無量無邊種種
珎寶悉皆得現如是依大三昧寶依大智慧寶
能出種種無量無邊諸佛妙法善男子如
是法身三昧智慧過一切相不著於相不可
分別非常非斷是名中道雖有分別體無分
別雖有三數而無三體不增不減猶如夢幻
亦無所執亦無能執法體如如是解脫處過
死王境越生死闇一切衆生不能脩行所不
能至一切諸佛菩薩之所住處善男子譬如
有人願欲得金處處求覓遂得金礦既得礦
已即便碎之擇取精者爐中銷鍊得清淨金
隨意迴轉作諸鐶釧種種嚴具雖有諸用金
性不改
復次善男子若善男子善女人求勝解脫脩
行世善得見如來及弟子衆得親近已白佛

言世尊何者爲善何者不善何者正修行
淨行諸佛如來及弟子衆見彼問時如是思
惟是善男子善女人欲求清淨欲聽正法即
便爲說令其開悟彼既聞已正念憶持發心
脩行得精進力除懶墮障滅一切罪於諸學
處離不尊重息掉悔心入於初地依初地心
除利有情障得入二地於此地中除不逼惱
障入於三地於此地中除心軟淨障入於四
地於此地中除善方便障入於五地於此地
中除見真俗障入於六地於此地中除見行
相障入於七地於此地中除不見滅相障入
於八地於此地中除不見生相障入於九地
於此地中除六通障入於十地於此地中除
所知障除根本心入如来地如来地者由三
淨故名極清淨云何爲三一者煩惱淨二者

相此地中間方道間一地相此地中間
所知障除根本心入如來地如來地者由三
淨故名極清淨云何爲三一者煩惱淨二者
苦淨三者相淨譬如真金鎔銷冶錬既燒打
已無復塵垢爲顯金性本清淨故金體清淨
非謂無金譬如濁水澄渟清淨無復滓穢爲
顯水性本清淨故非謂無水如是法身與煩
惱離苦集除已無復餘習爲顯佛性本清淨
故非謂無體譬如虛空烟雲塵霧之所障
蔽除屛已是空淨非謂無空如是法身一
切衆苦悉皆盡故說爲清淨非謂無體譬如
有人於睡夢中見大河水漂沒其身運手動
足截流而渡得至彼岸由彼身心不懈退故
從夢覺已不見有水彼此岸別非謂無心生
死妄想既滅盡已是覺清淨非謂無覺如是
法界一切妄想不復生故說爲清淨非是諸

佛無其實體
復次善男子是法身者惑障清淨能現應
身業障清淨能現化身智障清淨能現法身
譬如依空出電依電出光如是依法身故能現
應身依應身故能現化身由性淨故能現法
身智慧清淨能現應身三昧清淨能現化身
此三清淨是法如如不異如如一味如如解
脫如如究竟如如是故諸佛體無有異善男
子若有善男子善女人說於如來是我大師
若作如是決定信者此人即應深心解了如
來之身無有別異善男子以是義故於諸境
界不正思惟悉皆除斷即知彼法無有二相
亦無分別聖所脩行如如於彼無有二相正
脩行故如是如是一切諸障悉皆除滅如如一
切障滅如是如是法如如如如智得最清淨

[illegible]
切障滅如是如是法如如如如智得最清
淨如如法界正智清淨如是如是一切自在
具足稱受皆得成就一切諸障悉皆除滅一
切諸障得清淨故是名真如正智真實之相
如是見者是名聖見是則名為真實見佛
何以故如實得見法真如故是故諸佛悉能
普見一切如來何以故聲聞獨覺已出三界求
真實境不能智見如是聖人所不知見一切
凡夫皆生疑惑顛倒分別不能得度如兔浮
海必不能過所以者何力微劣故凡夫之人
亦復如是不能通達法如如故然諸如來無
分別心於一切法得大自在具足清淨深智
慧故是自境界不共他故是故諸佛如來於
無量無邊阿僧祇劫不惜身命難行苦行
方得此身最上無比不可思議過言說境是妙

寂靜離諸怖畏
善男子如是如見法真如者無生老死壽命
無限無有睡眠亦無飢渴心常在定無有散
動若於如来起諍論心是則不能見於如来
諸佛所說皆能利益有聽聞者無不解脫諸
惡禽獸惡人惡鬼不相逢值由聞法故果報
無盡然諸如来無無記事一切境界無欲知
心生死涅槃無有異想如来所說無不決定
諸佛如来四威儀中無非智攝一切諸法無
有不為慈悲所攝無有不為利益安樂諸衆
生者善男子若有善男子善女人於此金光
明經聽聞信解不墮地獄餓鬼傍生阿蘇羅
道常處人天不生下賤恒得親近諸佛如来
聽受正法常生諸佛清淨國土所以者何由
得聞此甚深法故是善男子善女人則為如

得聞此甚深法故是善男子善女人則爲如
来已知已記當得不退阿耨多羅三藐三菩
提若善男子善女人於此甚深微妙之法一
經耳者當知是人不謗如来不毀正法不輕
聖衆一切衆生未種善根令得種故已種善
根令增長成熟故一切世界所有衆生皆勸
脩行六波羅蜜多
尒時虛空藏菩薩梵釋四王諸天衆等即
從座起偏袒右肩合掌恭敬頂礼佛足白佛言
世尊若所在處講說如是金光明王微妙經典
於其國土有四種利益何者爲四一者國王
軍衆強盛無諸怨敵離於疾病壽命延
長吉祥安樂正法興顯二者中宮妃后王子諸
臣和悅無諍離於諂佞王所愛重三者沙門
婆羅門及諸國人脩行正法無病安樂無枉

死者於諸福田悲皆脩立四者於三時中四
大調適常為諸天增加守護慈悲平等無
傷害心令諸衆生歸敬三寶皆願脩習菩提
之行是為四種利益之事世尊我等亦常為
知經故隨逐如是持經之人所在住處為作利
益佛言善哉善哉善男子如是如是汝等
應當勤心流布此妙經王則令正法久住於世
金光明最勝王經夢見懺悔品第四
爾時妙幢菩薩親於佛前聞妙法已歡喜
踊躍一心思惟還至本處於夜夢中見大金鼓
光明晃耀猶如日輪於此光中得見十方無
量諸佛於寶樹下坐瑠璃座無量百千大衆
圍繞而為說法見一婆羅門桴擊金鼓出大
音聲聲中演說微妙伽他明懺悔法妙幢聞
已皆悉憶持繫念而住至天曉已與無量百

已皆悲憶持繫念而住至天曉已與無量百
千大衆圍繞持諸供具出王舍城詣鷲峯山
至世尊所礼佛足已布設香花右繞三匝退
坐一面合掌恭敬瞻仰尊顔白佛言世尊我
於夢中見婆羅門以手執桴擊妙金鼓出大
音聲聲中演說微妙伽他明懺悔法我皆憶
持唯願世尊降大慈悲聽我所說即於佛前
而說頌曰
我於昨夜中　夢見大金鼓　其形極殊妙　周遍有金光
猶如盛日輪　光明皆普耀　充滿十方界　咸見於諸佛
在於寶樹下　各處瑠璃座　無量百千衆　恭敬而圍繞
有一婆羅門　以杖擊金鼓　於其鼓聲內　說此妙伽他
金光明鼓出妙聲　遍至三千大千界
能滅三塗極重罪　及以人中諸苦厄
由此金鼓聲威力　永滅一切煩惱障

斷除怖畏令安隱　譬如自在牟尼尊
佛於生死大海中　積行修成一切智
能令衆生覺品具　究竟咸歸功德海
由此金鼓出妙聲　普令聞者獲梵響
證得無上菩提果　常轉清淨妙法輪
住壽不可思議劫　隨機說法利群生
能斷煩惱衆苦流　貪瞋癡等皆除滅
若有衆生處惡趣　大火猛焰周遍身
若得聞是妙鼓音　即能離苦歸依佛
皆得成就宿命智　能憶過去百千生
悉皆正念牟尼尊　得聞如來甚深教
由聞金鼓勝妙音　常得親近於諸佛
悉能捨離諸惡業　純修清淨諸善品
一切天人有情類　殷重至誠祈願者
得聞金鼓妙音聲　能令所求皆滿足

得聞金鼓妙音聲　能令所求皆滿足
衆生墮在無間獄　猛火炎熾苦焚身
無有救護處輪迴　聞者能令苦除滅
人天餓鬼傍生中　所有現受諸苦難
得聞金鼓發妙響　皆蒙離苦得解脫
現在十方界　常住兩足尊　願以大悲心　哀愍憶念我
衆生無歸依　亦無有救護　為如是等類　能作大歸依
我先所作罪　極重諸惡業　今對十方前　至心皆懺悔
我不信諸佛　亦不敬尊親　不務脩衆善　常造諸惡業
或自恃尊高　種姓及財位　盛年行放逸　常造諸惡業
心恒起邪念　口陳於惡言　不見於過罪　常造諸惡業
恒作愚夫行　無明闇覆心　隨順不善友　常造諸惡業
或因諸戲樂　或復懷憂惱　為貪瞋所纏　故我造諸惡
親近不善人　及由慳嫉意　貧窮行諂誑　故我造諸惡
雖不樂衆過　由有怖畏故　及不得自在　故我造諸惡

或為躁動心　或因瞋恚恨　又以飢渴惱　故我造諸惡
由飲食衣服　及貪愛女人　煩惱火所燒　故我造諸惡
於佛法僧衆　不生恭敬心　作如是衆罪　我今悉懺悔
於獨覺菩薩　亦無恭敬心　作如是衆罪　我今悉懺悔
無知謗正法　不孝於父母　作如是衆罪　我今悉懺悔
由愚癡憍慢　及以貪瞋力　作如是衆罪　我今悉懺悔
我於十方界　供養無數佛　當願拔衆生　令離諸苦難
願一切有情　皆令住十地　福智圓滿已　成佛導群迷
我為諸衆生　苦行百千劫　以大智慧力　皆令出苦海
我為諸含識　演說甚深經　最勝金光明　能除諸惡業
若人百千劫　造諸極重罪　暫時能發露　衆惡盡消除
依此金光明　作如是懺悔　由斯能速盡　一切諸苦業
勝定百千種　不思議總持　根力覺道支　修習常無倦
我當至十地　具足珍寶處　圓滿佛功德　濟度生死流
我於諸佛海　甚深功德藏　妙智難思議　皆令得具足
唯願十方佛　觀察護念我　皆以大悲心　哀受我懺悔

我於諸佛海　甚深功德藏　妙智難思議　皆令得具足
唯願十方佛　觀察護念我　皆以大悲心　哀受我懺悔
我於多劫中　所造諸惡業　由斯生苦惱　哀愍願消除
我造諸惡業　常生憂怖心　於四威儀中　曾無歡樂想
諸佛具大悲　能除衆生怖　願受我懺悔　令得離憂苦
我有煩惱障　及以諸報業　願以大悲水　洗濯令清淨
我先作諸罪　及現造惡業　至心皆發露　咸願得蠲除
未來諸惡業　防護令不起　設令有違者　終不敢覆藏
身三語四種　意業復有三　繫縛諸有情　無始恒相續
由斯三種行　造作十惡業　如是衆多罪　我今皆懺悔
我造諸惡業　苦報當自受　今於諸佛前　至誠皆懺悔
於此贍部洲　及他方世界　所有諸善業　今我皆隨喜
願離十惡業　修行十善道　安住十地中　常見十方佛
我以身語意　所修福智業　願以此善根　速成無上慧
我今親對十方前　發露衆多苦難事

凡愚迷惑三有難　恒造極重惡業難
我所積集欲邪難　常起貪愛流轉難
於此世間耽著難　一切愚夫煩惱難
狂心散動顛倒難　及以親近惡友難
於生死中貪染難　瞋癡闇鈍造罪難
生八無暇惡處難　未曾積集功德難
我今皆於最勝前　懺悔無邊罪惡業
我今歸依諸善逝　我礼德海無上尊
如大金山照十方　唯願慈悲哀攝受
身色金光淨無垢　目如清淨紺琉璃
吉祥威德名稱尊　大悲慧日除衆闇
佛日光明常普遍　善淨無垢離諸塵
牟尼月照極清涼　能除衆生煩惱熱
三十二相遍莊嚴　八十隨好皆圓滿
福德難思無與等　如日流光照世間

福德難思無與等　如日流光照世間
色如瑠璃淨無垢　猶如滿月處虛空
妙頗梨網映金軀　種種光照以嚴飾
於生死苦暴流內　老病憂愁水所漂
如是苦海難堪忍　佛日舒光令永竭
我今稽首一切智　三千世界希有尊
光明晃耀紫金身　種種妙好皆嚴飾
如大海水量難知　大地微塵不可數
如妙高山叵稱量　亦如虛空無有際
諸佛功德亦如是　一切有情不能知
於無量劫諦思惟　無有能知德海岸
盡此大地諸山岳　析如微塵能算知
毛端渧海尚可量　佛之功德無能數
一切有情皆共讚　世尊名稱諸功德
清淨相好妙莊嚴　不可稱量知分齊

我之所有眾善業　願我速成無上尊
廣說正法利群生　悉令解脫於眾苦
降伏大力魔軍眾　當轉無上正法輪
久住劫數難思議　充足眾生甘露味
猶如過去諸最勝　六波羅蜜皆圓滿
滅諸貪欲及瞋癡　降伏煩惱除眾苦
願我常得宿命智　能憶過去百千生
亦常憶念牟尼尊　得聞諸佛甚深法
願我以斯諸善業　奉事無邊最勝尊
遠離一切不善因　恒得修行真妙法
一切世界諸眾生　悉皆離苦得安樂
所有諸根不具足　令彼身相皆圓滿
若有眾生遭病苦　身形羸瘦無所依
咸令病苦得消除　諸根色力皆充滿
若犯王法當刑戮　眾苦逼迫生憂惱
彼受如是極苦時　無有歸依能救護

咸令病苦得消除　諸根色力皆充滿
若犯王法當刑戮　衆苦逼迫生憂惱
彼受如斯極苦時　無有歸依能救護
若受鞭杖枷鎖繫　種種苦具切其身
無量百千憂惱時　逼迫身心無暫樂
皆令得免於繫縛　及以鞭杖苦楚事
將臨刑者得命全　衆苦皆令永除盡
若有衆生飢渴逼　令得種種殊勝味
盲者得視聾者聞　跛者能行瘂能語
貧窮衆生獲寶藏　倉庫盈溢無所乏
皆令得受上妙樂　無一衆生受苦惱
一切人天皆樂見　容儀溫雅甚端嚴
悉皆現受無量樂　受用豐饒福德具
隨彼衆生念伎樂　衆妙音聲皆現前
念水即現清涼池　金色蓮花泛其上

隨彼衆生心所念　飲食衣服及牀敷
金銀珎寶妙瑠璃　瓔珞莊嚴皆具足
勿令衆生聞惡響　亦復不見有相違
所受容貌悉端嚴　各各慈心相愛樂
世間資生諸樂具　隨心念時皆滿足
所得珎財無悋惜　分布施與諸衆生
燒香末香及塗香　衆妙雜花非一色
每日三時從樹墮　隨心受用生歡喜
普願衆生咸供養　十方一切最勝尊
三乘清淨妙法門　菩薩獨覺聲聞衆
常願勿處於卑賤　不墮無暇八難中
生在有暇人中尊　恒得親承十方佛
願得常生富貴家　財寶倉庫皆盈滿
顏貌名稱無與等　壽命延長經劫數
悉願女人變為男　勇健聰明多智慧

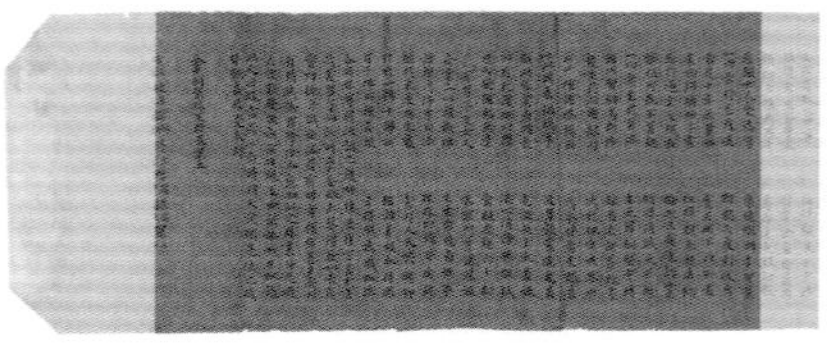

悲願女人變爲男　勇健聡明多智慧
一切常行菩薩道　勤脩六度到彼岸
常見十方無量佛　寶王樹下而安處
處妙瑠璃師子座　恒得親承轉法輪
若於過去及現在　輪迴三有造諸業
能招可猒不善趣　願得消滅永無餘
一切衆生於有海　生死羂網堅牢縛
願以智劒爲斷除　離苦速證菩提處
衆生於此贍部内　或於他方世界中
所作種種勝福田　我今皆悉生隨喜
以此隨喜福德事　及身語意造衆善
願此勝業常增長　速證無上大菩提
所有礼讚佛功德　深心清淨無瑕穢
迴向發願福無邊　當超惡趣六十劫
善
有男子及女人　婆羅門等諸勝族

合掌一心讚歎佛　生生常憶宿世事
諸根清淨身圓滿　殊勝功德皆成就
願於未來所生處　常得人天共瞻仰
非於一佛十佛所　脩諸善根今得聞
百千佛所種善根　方得聞斯懺悔法

尒時世尊聞此語已讚妙幢菩薩言善哉善哉善男子如汝所夢金鼓出聲讚歎如來真實功德并懺悔法若有聞者獲福甚多廣利有情滅除罪障汝今應知此之勝業皆是過去讚歎發願宿習因緣及由諸佛威力加護此之因緣當為汝說時諸大衆聞是法已咸皆歡喜信受奉行

金光明最勝王經卷第二

瘡古　鍊蓮　鎔欲　渟大　桴覆　鑽蕤　羅古

金光明最勝王經卷第二

礦古猛 鍊蓮見 鎔欲鍾 渟大丁 桴覆于 鎖蘇果 羂古縣

BD00488

妙法蓮華經卷七

（後秦）鳩摩羅什 譯

268.5cm × 25cm

法當得作佛号娑羅樹王國名大光劫名
大高王其娑羅樹王佛有无量菩薩衆及无
量聲聞其國平正功德如是其王即時以國
弟與夫人二子并諸眷屬於佛法中出家
脩道王出家已於八万四千歲常勤精進脩
行妙法華經過是已後得一切淨功德莊嚴三
昧即昇虛空高七多羅樹而白佛言世尊此
子已作佛事以神通變化轉我邪心令
安住於佛法中得見世尊此二子者是我
善知識為欲發起宿世善根饒益我故来
生我家尒時雲雷音宿王華智佛告妙莊嚴
王言如是如是如汝所言若善男子善女人種
善根故世世得善知識其善知識能作佛事

示教利喜令入阿耨多羅三藐三菩提大王
當知善知識者是大因緣所謂化導令得見
佛發阿耨多羅三藐三菩提心大王汝見此
二子不此二子已曾供養六十五百千万億
那由他恒河沙諸佛親近恭敬於諸佛所受
持法華經愍念邪見衆生令住正見妙莊
嚴王即從虛空中下而白佛言世尊如來甚
希有以功德智慧故頂上肉髻光明顯照其
眼長廣而紺青色眉間豪相白如珂月齒白齊
密常有光明脣色赤好如頻婆果尒時妙莊
嚴王讚歎佛如是等无量百千万億功德已
於如來前一心合掌復白佛言世尊未曾有
世如來之法具足成就不可思議微妙功德
教戒所行安隱快善我從今日不復自隨心

BD00488　妙法蓮華經卷七

世如来之法具足成就不可思議微妙功德
教戒所行安隱快善我從今日不復自隨心
行不生邪見憍慢瞋恚諸惡之心說是語
已礼佛而出佛告大衆於意云何妙莊嚴王豈
異人乎今華德菩薩是其淨德夫人今佛
前光照莊嚴相菩薩是哀愍妙莊嚴王及諸
眷屬故於彼中生其二子者今藥王菩薩藥上
菩薩是是藥王藥上菩薩成就如此諸大功
德已於无量百千万億諸佛所植衆德本成
就不可思議諸善功德若有人識是二菩薩
名字者一切世間諸天人民亦應礼拜佛說
是妙莊嚴王本事品時八万四千人遠塵離
垢於諸法中得法眼淨
妙法蓮華經普賢菩薩勸發品第二十八

尒時普賢菩薩以自在神通威德名聞與大
菩薩无量无邊不可稱數從東方来所經諸
國普皆震動雨寶蓮華作无量百千万億
種種伎樂又與无數諸天龍夜叉乾闥婆阿脩
羅迦樓羅緊那羅摩睺羅伽人非人等大衆
圍繞各現威德神通之力到娑婆世界耆闍
崛山中頭面礼釋迦牟尼佛右繞七帀白佛
言世尊我於寶威德上王佛國遥聞此娑婆
世界說法華經與无量无邊百千万億諸菩
薩衆共来聽受唯願世尊當為說之若善
男子善女人於如来滅後云何能得是法華
經佛告普賢菩薩若善男子善女人成就四法
於如来滅後當得是法華經一者為諸佛護
念二者植衆德本三者入正定聚四者發救

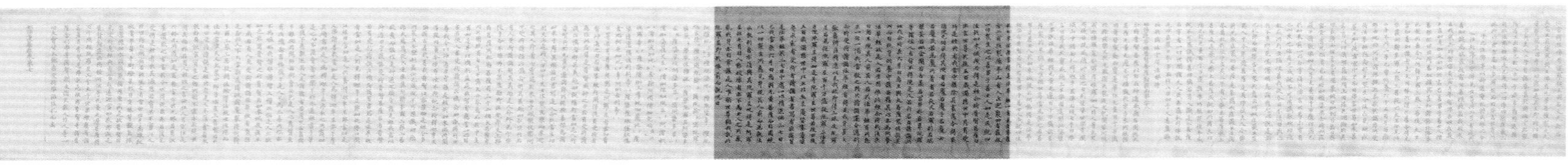

於如來滅後當得是法華經一者為諸佛護
念二者植衆德本三者入正定聚四者發救
一切衆生之心善男子善女人如是成就四
法於如來滅後必得是經尒時普賢菩薩白
佛言世尊於後五百歲濁惡世中其有受
持是經典者我當守護除其衰患令得安
隱使无伺求得其便者若魔若魔子若魔女
若魔民若為魔所著者若夜叉若羅刹若鳩
槃荼若毗舍闍若吉蔗若富單那若韋陁羅
等諸惱人者皆不得便是人若行若立讀誦此
經我尒時乘六牙白象王與大菩薩衆俱詣其
所而自現身供養守護安慰其心亦為供養
法華經故是人若坐思惟此經尒時我復乘
白象王現其人前其人若於法華經有所忘

共一句一偈我當教之與共讀誦還令通利
尒時受持讀誦法華經者得見我身甚大
歡喜轉復精進以見我故即得三昧及陁羅
尼名為旋陁羅尼百千万億旋陁羅尼法音
方便陁羅尼得如是等陁羅尼世尊若後世後
五百歲濁惡世中比丘比丘尼優婆塞優婆
夷求索者受持者讀誦者書寫者欲脩習
是法華經於三七日中應一心精進滿三七日
已我當乘六牙白象與无量菩薩而自圍繞
以一切衆生所憙見身現其人前而為說法
示教利喜亦復與其陁羅尼呪得是陁羅
尼故无有非人能破壞者亦不為女人之所惑
亂我身亦自常護是人唯願世尊聽我說此
陁羅尼呪即於佛前而說呪曰

亂我身亦自常護是人唯願世尊聽我說此
陁羅尼即於佛前而說呪曰
阿檀地 途賣反 一 檀陁婆地 二 檀陁婆帝 三 檀陁
鳩舍隸 四 檀陁脩陁隸 五 脩陁隸 六 脩陁羅
婆底 七 佛馱波羶禰 八 薩婆陁羅尼阿婆多
尼 九 薩婆婆沙阿婆多尼 十 脩阿婆多尼 十一
僧伽婆履叉尼 十二 僧伽涅伽陁尼 十三 阿僧祇
十四 僧伽波伽地 十五 帝隸阿惰僧伽兜略 盧遮反
波羅帝 十六 薩婆僧伽三摩地伽蘭地 十七 薩
婆達磨脩波利剎帝 十八 薩婆薩埵樓馱憍
舍略阿㝹伽地 十九 辛阿毗吉利帝 二十
世尊若有菩薩得聞是陁羅尼者當知普
賢神通之力若法華經行閻浮提有受持者
應作此念皆是普賢威神之力若有受持讀

誦正憶念解其義趣如説脩行當知是人行
普賢行於无量无邊諸佛所深種善根爲諸
如來手摩其頭若但書寫是人命終當生忉
利天上是時八万四千天女作衆伎樂而來迎
之其人即著七寶冠於綵女中娛樂快樂何
況受持讀誦正憶念解其義趣如説脩行若
有人受持讀誦解其義趣是人命終爲千佛
授手令不恐怖不墮惡趣即往兜率天上弥
勒菩薩所弥勒菩薩有三十二相大菩薩衆
所共圍繞有百千万億天女眷屬而於中生
有如是等功德利益是故智者應當一心自
書若使人書受持讀誦正憶念如説脩行世
尊我今以神通力守護是經於如來滅後閻
浮提内廣令流布使不斷絶尒時釋迦牟尼

我今以神通力故守護是經於如來滅後閻
浮提內廣令流布使不斷絕尒時釋迦牟尼
佛讚言善哉善哉普賢汝能護助是經令多
所衆生安樂利益汝已成就不可思議功德
深大慈悲從久遠來發阿耨多羅三藐三菩
提意而能作是神通之願守護是經我當以
神通力守護能受持普賢菩薩名者普賢
若有受持讀誦正憶念脩習書寫是法華經
者當知是人則見釋迦牟尼佛如從佛口聞
此經典當知是人供養釋迦牟尼佛當知是
人佛讚善哉當知是人為釋迦牟尼佛手摩
其頭當知是人為釋迦牟尼佛衣之所覆如
是之人不復貪著世樂不好外道經書手筆
亦復不憙親近其人及諸惡者若屠兒若畜猪

羊雞狗若獵師若衒賣女色是人心意質直
有正憶念有福德力是人不為三毒所惱亦
不為嫉妬我慢邪慢增上慢所惱是人少欲
知足能脩普賢之行普賢若如來滅後後五
百歲若有人見受持讀誦法華經者應作
是念此人不久當詣道場破諸魔衆得阿耨
多羅三藐三菩提轉法輪擊法鼓吹法螺雨
法雨當坐天人大衆中師子法座上普賢若於
後世受持讀誦是經典者是人不復貪著衣
服臥具飲食資生之物所願不虛亦於現世
得其福報若有人輕毀之言汝狂人耳空作是
行終无所獲如是罪報當世世无眼若有供
養讚歎之者當於今世得現果報若復見
受持是經者出其過惡若實若不實此人

受持是經者出其過惡若實若不實此人
現世得白癩病若輕咲之者當世世牙齒踈缺
醜脣平鼻手脚繚戾眼目角睞身體臭穢
惡瘡膿血水腹短氣諸惡重病是故普賢若
見受持是經典者當起遠迎當如敬佛說是
普賢勸發品時恒河沙等无量无邊菩薩得
百千億旋陁羅尼三千大千世界微塵等諸
菩薩具普賢道佛說是經時普賢等諸菩
薩舍利弗等諸聲聞及諸天龍人非人等一
切大會皆大歡喜受持佛語作礼而去

第七

妙法蓮華經卷第七

BD00489

金光明經卷四

（北凉）曇無讖 譯

764.7cm × 26cm

佛告樹神尒時流水長者子於天自在光王國内
治一切衆生无量苦患已令其身體平復如故
受諸快樂以除病故多設福業脩行布施尊
重恭敬是長者子作如是言善哉善哉長者
能大增長福德之事能益衆生无量壽命
汝今真是大醫之王善治衆生无量重病必
是菩薩善解方藥善女天時長者子有妻
名曰水空龍藏而生二子一名水空二名水藏
時長者子將是二子次第遊行城邑聚落最
後到一大空澤中見諸虎狼狐犬鳥獸多食肉
血者皆一向馳奔而去時長者子作是念言是
諸禽獸何因緣一向馳走我當隨後逐而觀之
時長者子遂便隨逐見有一池其水枯涸於

其池中多有諸魚時長者子見是魚已生大
悲心時有樹神示現半身作如是言善哉善
哉大善男子此魚可愍汝可與水是故号汝名
為流水復有二緣名為流水一能流水二能與
水汝今應當隨名定實時長者子問樹神言
汝此魚頭數為有幾何樹神荅言其數具足
足滿十千善女天尒時流水聞是數已倍復增
益生大悲心善女天時此空池為日所曝唯少
水在是十千魚將入死門四向婉轉見是長者心
生恃賴隨是長者所至方面隨逐瞻視目未
曾捨時長者馳趣四方推求索水了不能得
便四顧望見有大樹尋取枝葉還到池上與
作陰涼作陰涼已復更推求是池中水本從何
來即出四向周遍覔求莫知水處復更疾走遠

来即出四向周遍覓求莫知水處復更疾走遠
至餘處見一大河名曰水生尒時復有諸餘惡
人為捕此魚故於上流懸嶮之處決棄其水
不令下過然其決處懸嶮難補計當修治
經九十日百千人功猶不能成況我一身時長者
子速疾還反至大王所頭面礼拜却坐一面合掌
向王說其因緣作如是言我為大王國土人民治
種種病漸漸遊行至彼空澤見有一池其水
枯涸有十千魚為日所曝今日困厄將死不久
唯願大王借二十大象令得負水濟彼魚命
如我與諸病人壽命尒時大王即勑大臣速疾
供給尒時大臣奉王告勑語是長者善哉大
士汝今自可至象廄中隨意選取利益衆
生令得快樂是時流水及其二子將二十大

魚從治城人借索皮囊疾至彼河上流決處
盛水魚負馳疾奔還至空澤池從魚葦上
下其囊水瀉置池中水遂彌滿還復如本
時長者子於池四邊傍伴而行是魚尒時亦復
隨逐循岸而行時長者子復作是念魚何緣
隨我而行是魚必為飢火所惱復欲從我求
索飲食我今當與善女天尒時流水長者子
告其二子言汝取一象最大力者速往家中啟
父長者家中所有可食之物及是父母飲噉之
分及以妻子奴婢之分一切聚集悉載象上急
速來還尒時二子如父勑勑乘最大象往至
家中白其祖父說如上事尒時二子收取家中
可食之物載象背上疾還父所至空澤池時
長者子見其子還心生歡喜踊躍无量從子

長者子見其子還心生歡喜踊躍无量從子
是取飲食之物散著池中與魚食已即自
思惟我今已能與此魚食令其飽滿未来
之世當施法食復更思惟曾聞過去空閑
之處有一比丘讀誦大乘方等經典其經中
說若有眾生臨命終時得聞寶勝如来名
号即生天上我今當為是十千魚解說甚
深十二因緣亦當稱說寶勝佛名時閻浮提
中有二種人一者深信大乘方等二者毀呰
不生信樂時長者子作是思惟我今當入池
水之中為是諸魚說深妙法思惟是已即便
入水作如是言南无過去寶勝如来應正遍
知明行足善逝世間解无上士調御丈夫天人
師佛世尊寶勝如来本往昔時行菩薩道作

是誓願若有衆生於十方界臨命終時聞我
名者當令是輩即命終已尋得上生三十三
天尒時流水復為是魚解説如是甚深妙法
所謂无明緣行行緣識識緣名名色緣六入
六入緣觸觸緣受受緣取取緣有有緣生生
緣老老死憂悲苦聚善女天尒時流水長者
子及其二子説是法已即共還家是長者子
復於後時賓客聚會醉酒而卧尒時其地
卒大震動時十千魚同日命終即命終已生
忉利天作是思惟我等以何善業因緣得生
於此忉利天中復相謂言我等先於閻浮
提内堕於畜生中受作魚身流水長者與我
等水及以飲食復為我等解説甚深十二因
緣并稱寶勝如來名号以是因緣令我等輩

緣并稱寶勝如來名号以是因緣令我等輩
得生此天是故我等今當往至長者子所報恩
供養尒時十千天子從忉利天下閻浮提至流
水長者子大醫王家時長者子在樓屋上
露卧睡眠是十千天子以十千真珠天妙瓔珞
置其頭邊復以十千置其足邊復以十千置
右脅邊雨曼陁羅華摩訶曼陁羅華積
至于膝種種天樂出妙音聲閻浮提中有
睡眠者皆悉覺悟流水長者子亦從睡悟是十
千天子於上空中飛騰遊行天自在光王國内處
處皆雨天妙蓮華是諸天子復至本處空澤
池所復雨天華便從此没還忉利宮隨意自在
受五天欲時閻浮提過是夜已天自在光王問
諸大臣今夜何緣示現如是淨妙瑞相有大光

時大臣答言大王當知忉利諸天於流水長者
子家雨四十千真珠瓔珞及不可計曼陀羅華
王即告臣卿可往至彼長者家善言誘喻喚
令使來大臣受勅即至其家宣王教令喚是
長者是時長者尋至王所王問長者何緣示現
如是瑞相長者子言我必定知是十千魚其
命已終時大王言今何遣人審實是事爾時
流水尋遣其子彼池所看是諸魚死活定實
爾時其子聞是語已向於彼池既至池已見其
池中多有摩訶曼陀羅華積聚成積其中
諸魚悉皆命終見已即還白其父言彼諸魚
等已命終爾時流水知是事已復往王所作如
是言十千魚悉皆命終王聞是已心生歡喜爾時
世尊告道場菩提樹神善女天欲知爾時流

世尊告道場菩提樹神善女天欲知尒時流
水長者子今我身是長者子水空羅睺羅是
次子水藏今阿難是時十千魚者今十千天子
是是故我今為其受阿耨多羅三藐三菩
提記尒時樹神現半身者今汝身是

金光明經捨身品第十七

尒時道場菩提樹神復白佛言世尊我聞世
尊過去脩行菩薩道時具受无量百千苦行
捐捨身命血肉骨髓唯願世尊少說往昔
行因緣為利衆生受諸快樂尒時世尊即現
神足神足力故令此大地六種震動於大講堂
衆會之中有七寶塔從地踊出衆寶羅網
弥滿其上尒時大衆見是事已生希有心尒時
世尊即從坐起礼拜是塔恭敬圍繞還就本

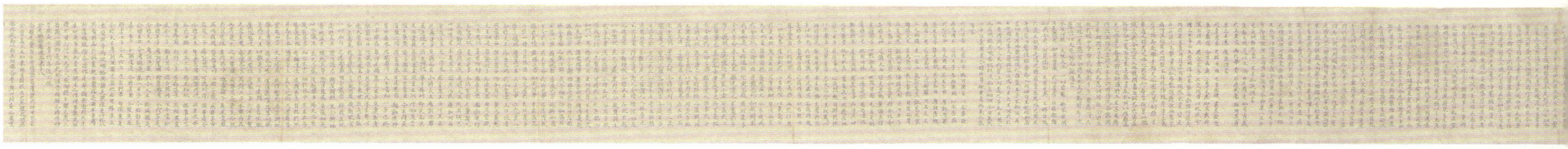

處尒時道場菩提樹神白佛言世尊如來世
雄出現於世常為一切之所恭敬於諸衆生最
勝最尊何因緣故礼拜是塔佛言善女天我
本脩行菩薩道時我身舍利安止是塔因由
是身令我早成阿耨多羅三藐三菩提尒時
佛告尊者阿難汝可開塔取中舍利示此大衆
是舍利者乃是无量六波羅蜜功德所勳尒時
阿難聞佛勅即往塔所礼拜供養開其塔户見
其塔中有七寶函以手開函見其舍利色妙紅
白佛言世尊是中舍利其色紅白佛告阿難汝
可持來此是大王真身舍利尒時阿難即舉
寶函還至佛所持以上佛尒時佛告一切大衆
汝等今可礼是舍利此舍利者是戒定慧之
所勳脩甚難可得最上福田尒時大衆聞是

所動脩甚難可得最上福田尒時大衆聞是
語已心懷歡喜即從座起合掌恭敬頂礼菩
薩大士舍利尒時世尊欲為大衆斷疑網故
說是舍利往昔因緣阿難過去之世有王名
曰摩訶羅陁脩行善法善治國土无有怨敵
時有三子端正微妙形色殊特威德第一第
一太子名曰摩訶波那羅次子名曰摩訶提婆
小子名曰摩訶薩埵是三王子於諸園林遊
戲觀看次第漸到一大竹林憩駕止息第一
王子作如是言我於今日心甚怖懼於是林
中將无衰損第二王子復作是言我於今日
不自惜身但離所愛心憂愁耳第三王子復
作是言我於今日獨无怖懼亦无愁惱山中
空寂神仙所讚是處閑靜能令行人安隱受

爾時諸王子說是語已轉復前行見有一虎
適生七日而有七子圍繞周匝飢餓窮悴身
體羸損命將欲絕第一王子見是虎已作如
是言怪哉此虎産来七日七子圍繞不得来
食若為飢逼必還噉子第三王子言此虎經
常所食何物第一王子言此虎唯食雜熱肉
血第三王子言君等誰能與此虎食第二
王子言此虎飢餓身體羸瘦窮困頓之餘
命无幾不容餘處為其求食設餘求者命
必不濟誰能為此不惜身命第一王子言一切
難捨不過己身第三王子言我等今日以貪惜
故於此身命不能放捨智慧薄少故於是事
而生驚怖若諸大士欲利益他生大悲心為衆
生者捨此身命不足為難時諸王子心大愁憂

生者捨此身命不足爲難時諸王子心大愁憂
久住視之目未曾捨作是觀已尋便離去尒
時第三王子作是念言我今捨身時已到矣
何以故我從昔來多棄是身都无所求亦常
愛護處之屋宅又復供給衣服飲食卧具醫
藥象馬車乘隨時將養令无所乏而不知恩
反生怨害然復不免无常敗壞復次是身不
堅无所利益可惡如賊猶若行廁我於今日
當使此身作无上業於生死海中作大橋梁
復次若捨此身則捨无量癰疽癩疾百千怖
畏是身唯有大小便利是身不堅如水上沫是
身不淨多諸虫戶是身不淨筋纏血塗皮
骨髓腦共相連持如是觀察甚可患猒是
我今應當捨離以求寂滅无上涅槃永離憂

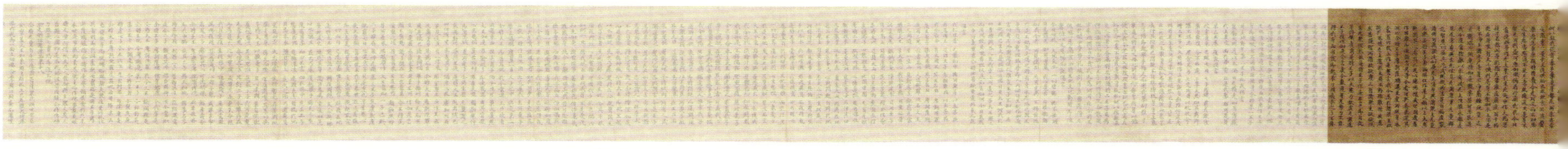

患无常變異生死休息无諸塵累无量禪
定智慧功德具足成就微妙法身百福莊嚴
諸佛所讚證成如是无上法身與諸衆生无量
法樂是時王子勇猛堪任作是大願以上大悲
勲脩其心慮其二兄心懷怖懼或恐固遮爲
作留難即便語言兄等今者可與眷屬還其
所止尒時王子摩訶薩埵還至虎所脫身衣
裳置竹枝上作是誓言我今爲利諸衆生故
證於冣勝无上道故大悲不動捨難捨故爲
求菩提智所讚故欲度三有諸衆生故欲滅
生死衆惱熱故是時王子作是誓已即自放
身臥餓虎前是時王子以大慈力故虎无能爲
王子復作如是念言虎今羸瘦身无勢力不能
得我身血肉食即起求刀周遍求之了不能

得我身血肉食即起求刀周遍求之了不能
得即以乾竹刺頭出血於高山上投身虎前
是時大地六種震動日无精光如羅睺羅向脩
羅王捉持鄣蔽又雨雜花種種妙香時虛空
中有諸餘天見是事已心生歡喜嘆未曾有
讚言善哉善哉大士汝今真是行大悲者 為
衆生故能捨難捨於諸學人第一勇健汝已
為得諸佛所讚常樂住處不久當證无惱
无熱清淨涅槃是虎尒時見血流出汙王子
身即便噉食其肉唯留餘骨尒時第一王子
見大地動為第二王子而說偈言
震動大地 及以大海 日无精光 如有覆蔽
於上虛空 雨於華香 必是我弟 捨所愛身
第二王為 復說偈言

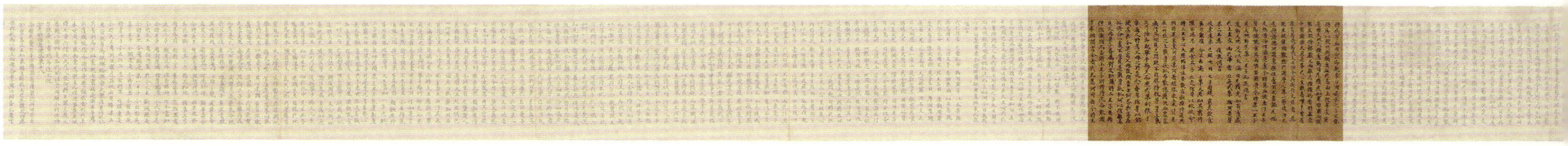

彼虎產來已經七日七子圍遶窮無飲食
氣力羸損命不云遠小弟大悲知其窮悴
懼不堪忍還食其子必定捨身以救彼命
時二王子心大悲怖涕泣悲歎容貌憔悴復共
相將還至虎所見弟所著被服衣裳皆悉
在一竹枝之上骸骨髮爪布散狼藉流血處處
遍汙其地見已悶絕不自勝持投身骨上良
久乃悟即起舉手號天而哭我弟幼稚才
能過人特為父母之所愛念奄忽捨身以飴
餓虎我今還宮父母設問當云何荅我寧在
此併命一處不忍見是骸骨髮爪何以捨離還
見父母妻子眷屬朋友知識時二王子悲號
懊惱漸捨而去時小王子所將侍從各散諸
方來相謂言今者我天為何所在尒時王

方來相謂言今者我天為何所在尒時王
妃於睡中夢夢乳被割牙齒墮落得三
鴿鶵一為鷹食尒時王妃大地動時即便
驚悟心大悲怖而說偈言
今日何故　大地大水　一切皆動　物不安所
日无精光　如有覆蔽　我心憂苦　目瞼瞤動
如我今者　所見瑞相　必有灾異　不祥苦惱
於是王妃說是偈已時有青衣在外已聞王
子消息心驚惶怖尋即入內啓白王妃作如是
言向者在外聞諸侍從推覓王子不知所在
王妃聞已生大憂惱涕泣滿目至大王所我於
向者傳聞外人失我最小所愛之子大王聞已
而復悶絕悲哽苦惱収淚而言如何今日失我
心中所愛重者尒時世尊欲重宣此義而說

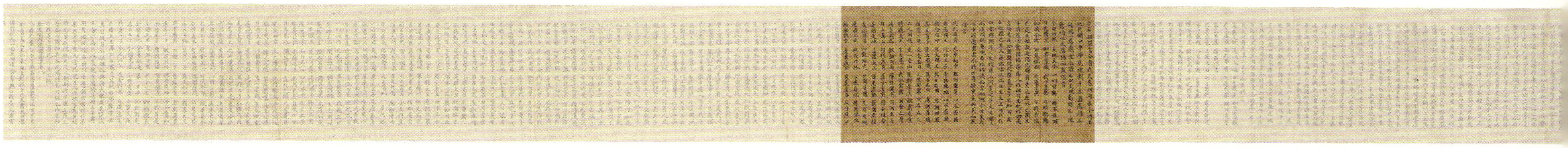

偈言

我於往昔　无量劫中　捨所重身　以求菩提
若為國王　及作王子　常捨難捨　以求菩提
我念宿命　有大國王　其王名曰　摩訶陁羅
是王有子　能大布施　其子名曰　摩訶薩埵
復有二兄　長者名曰　大波那羅　次名大天
二人同遊　至一空山　見新產虎　飢窮无食
時勝大士　生大悲心　我今當捨　所重之身
此虎或為　飢餓所逼　儻能還食　自所生子
自上高山　自投虎前　為令虎前　得全性命
是時大地　及諸大山　皆悉震動　驚諸虫狩
虎狼師子　四散馳走　世間皆闇　无有光明
是時二兄　故在竹林　心懷憂惱　愁苦涕泣
漸漸推求　遂至虎所　見虎虎子　血汙其口

漸漸推求　遂至虎所　見虎虎子　血汙其口
又見骸骨　髮毛爪齒　處處迸血　狼藉在地
是二王子　見是事已　心更悶絕　自躄於地
以灰塵土　自坌全身　忘失正念　生狂癡心
所將侍從　覩見是事　亦生悲慟　失聲號哭
手以冷水　共相噴灑　然後蘇息　而復得起
是時王子　當捨身時　正值後宮　妃后綵女
眷屬五百　共相娛樂　王妃是時　兩乳汁出
一切支節　痛如針刺　心生愁惱　以喪愛子
於是王妃　疾至王所　其聲微細　悲泣而言
大王今當　諦聽諦聽　憂悲盛火　今來燒我
我今二乳　俱時汁出　身體苦切　如被針刺
我見如是　不祥瑞相　恐更不復　見所愛子
今已身命　奉上大王　願速遣人　求覓我子

夢三鴿雛　在我懷抱　其最小者　可適我心
有鷹飛來　奪我而去　夢是事已　即生憂惱
我今愁怖　恐命不濟　願速遣人　推求我子
是時王妃　說是語已　即時悶絶　而復躄地
王聞是語　復生憂惱　以不得見　所愛子故
其王大臣　及諸眷屬　悉皆聚集　在王左右
哀哭悲號　聲動天地　尒時城内　所有人民
聞是聲已　驚愕而出　各相謂言　今是王子
爲活來耶　爲已死亡　如是大王　常出軟語
爲衆所愛　今難可見　已有諸人　入林尋求
不久自當　得定消息　諸人尒時　憧惶如是
而復悲號　哀動神祇　尒時大王　即從坐起
以水灑妃　良久乃蘇　還得正念　微聲問王
我子今者　爲死活耶　尒時王妃　念其子故

我子今者　為死活耶　尒時王妃　念其子故
倍復惸惱　心无暫捨　可惜我子　形色端正
如何一旦　捨我終亡　云何我身　不先薨没
而見如是　諸苦惱事　善子妙色　猶淨蓮花
誰壞汝身　使令分離　將非是我　昔日怨讎
挾本業緣　而殺汝耶　我子面目　淨如滿月
不圖一旦　遇斯禍對　寧使我身　破碎如塵
不令我子　喪失身命　我所見夢　已為得報
值我无情　能堪是苦　如我所夢　牙齒墮落
二乳一時　汁自流出　必定是我　失所愛子
夢三鴿鶵　鷹奪一去　三子之中　必定失一
尒時大王　即告其妃　我今當遣　大臣使者
周遍東西　推求覓子　汝今且可　莫大憂愁
大王如是　慰喻妃已　即使嚴駕　出其宮殿

心生愁惱　憂苦所切　雖在大衆　顏貌憔悴
即出其城　覓所愛子　尒時亦有　无量諸人
哀號動地　尋從王後　是時大王　既出城已
四向顧望　求覓其子　煩惌心亂　靡知所在
最後遥見　有一信來　頭坌塵土　血汙其衣
灰塵塗身　悲號而至　尒時大王　摩訶羅陁
見是使已　倍生懊惱　舉手號叫　仰天而哭
生所遣臣　尋復來至　既至王所　作如是言
願王莫愁　諸子猶在　不久當至　令王得見
須臾之頃　復有臣來　王見愁苦　顏貌憔悴
身所著衣　垢膩塵汙　大王當知　一子已終
二子雖存　哀悴无賴　第三王子　見虎新產
飢窮七日　恐還食子　見是虎已　深生悲心
發大誓願　當度衆生　於未來世　證成菩提

發大誓願　當度衆生　於未来世　證成菩提
即上高處　投身餓虎　虎飢所逼　便起噉食
一切血肉　已為都盡　唯有骸骨　狼藉在地
是時大王　聞臣語已　轉復悶絶　失念躄地
憂悲盛火　熾然其身　諸臣眷屬　亦復如是
以水灑王　良久乃蘇　復起舉手　號天而哭
復有臣来　而白王言　向於林中　見王工子
悲憂苦惱　悲號涕泣　迷悶失志　自投於地
臣即求水　灑其身上　良久之頃　乃還蘇息
望見四方　大火熾盛　扶持暫起　尋復躄地
舉手悲哀　號天而哭　作復讚歎　其子功德
是時大王　以離愛子　其心迷悶　氣息微然
憂惱悲泣　並復思惟　是最小子　我所愛重
无常大鬼　奄便吞食　其餘二子　今雖存在

而為憂大之所焚燒 或能為是喪失命根
我宜速往至彼林中 速載諸子急還宮殿
其母在後憂苦逼切 心肝分裂或能失命
若見二子慰喻其心 可使終保餘年壽命
尒時大王駕乘名象 與諸侍從欲至彼林
即於中路見其二子 號天扣地稱弟名字
時王即前抱持二子 悲號涕泣隨路還宮
速令二子覲見其母 佛告樹神汝今當知
尒時王子摩訶薩埵 捨身飴虎今我身是
尒時大王摩訶羅陁 於今父王輸頭檀是
尒時王妃今摩耶是 第一王子今彌勒是
第二王子今調達是 尒時虎者今瞿夷是
時虎七子今五比丘 及舍利弗目揵連是
尒時大王摩訶羅陁 及其妃后悲號涕泣

尒時大王摩訶陁羅及其妃后悲號涕泣
悉皆脫身御服瓔珞與諸大衆往至竹林收
其舍利即於此處起七寶塔是時王子摩
訶薩埵臨捨命時作是誓願我舍利於未
來世過筭數劫常爲衆生而作佛事說是經
時无量阿僧祇天及人發阿耨多羅三藐三
菩提心樹神是名礼塔往昔因緣尒時佛神
力故是七寶塔即沒不現
金光明經讚佛品第十八
尒時无量百千万億諸菩薩衆從此世界至
金寶蓋山王如來國土到彼土已五體投地爲
佛作礼却一面立向佛合掌異口同音而讚嘆
曰
如來之身　金色微妙　其明照曜　如金山王

身淨柔軟　如金蓮華　无量妙相　以自莊嚴
隨形之好　光飾其體　淨潔无比　如紫金色
圓足无垢　如淨滿月　其音清徹　妙如梵音
師子吼聲　六種清淨　微妙音聲　迦陵頻伽
孔雀之聲　清淨无垢　威德具足　百福相好
莊嚴其身　光明遠照　无有齊限　智慧寂滅
无諸愛習　世尊成就　无量功德　譬如大海
須彌寶山　為諸眾生　生憐愍心　於未來世
能與快樂　如來所說　第一深義　能令眾生
寂滅安樂　能與眾生　无量快樂　能演无上
甘露妙法　能開无上　甘露法門　能入一切
无患寂宅　能令眾生　悉得解脫　度於三有
无量苦海　安住正道　无諸苦患　如來世尊
功德智慧　大慈悲力　精進方便　如是无量

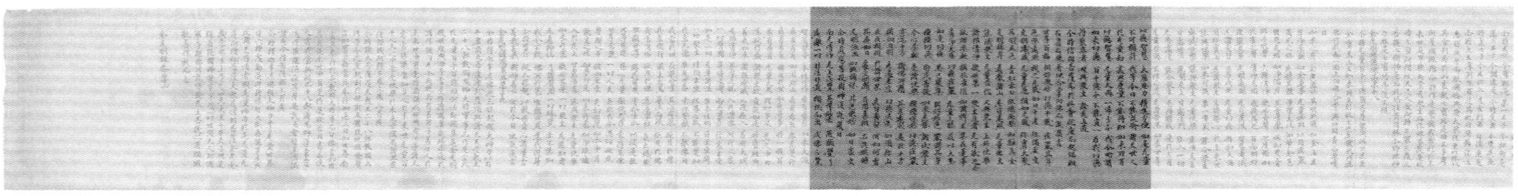

功德智慧　大慈悲力　精進方便　如是无量
不可稱計　我等今日　不能說喻　諸天世人
於无量劫　盡思度量　不能得知　如来所有
功德智慧　无量大海　一渧少分　我今略讚
如来功德　百千億分　不能宣一　若我功德
得聚集者　迴與衆生　證无上道
尒時信相菩薩即於此會從座而起偏袒
右肩右膝著地合掌向佛而說讚言
世尊百福　相好微妙　功德千數　莊嚴其身
色淨遠照　視之无厭　如日千光　弥滿虛空
光明熾盛　无量无邊　猶如无數　珎寶大聚
其明五色　青紅赤白　琉璃頗梨　如融真金
光明赫弈　遍徹諸山　悉皆遠照　无量佛土
能滅衆生　无量苦惱　又與衆生　上妙快樂

諸根清淨　微妙第一　衆生見者　无有厭足
髮紺柔軟　猶孔雀項　如諸蜂王　集在蓮華
清淨大悲　功德莊嚴　无量三昧　及以大悲
如是功德　悉已聚集　相好妙色　嚴飾其身
種種功德　助成菩提　如來悉能　調伏衆生
令心柔軟　受諸快樂　種種深妙　功德莊嚴
亦為十方　諸佛所讚　其光遠照　遍於十方
猶如日明　充遍虛空　功德成就　如須弥山
在在覌現　於諸世界　齒白齊密　猶如珂雪
其德如日　處空明顯　眉間毫相　右旋婉轉
光明流出　如頗梨珠　其色微妙　如日處空
尒時道場菩提樹神復說讚曰
南无清淨　无上正覺　甚深妙法　隨順覺了
遠離一切　非法非道　獨拔而出　成佛正覺

遠離一切　非法非道　獨扶而出　成佛正覺
智有非本　本性清淨　希有希有　如来大海
希有希有　如須弥山　希有希有　佛无量行
希有希有　佛出於世　如優曇華　時一現耳
希有希有　无量大悲　釋迦牟尼　為人中日
為欲利益　諸衆生故　宣說如是　妙寶經典
善哉如来　諸根寂滅　而復遊入　善寂大城
无垢清淨　甚深三昧　入於諸佛　所行之處
一切聲聞　身皆空寂　兩足世尊　行處亦空
如是一切　无量諸法　推本性相　皆亦空寂
一切衆生　性相亦空　狂惑心故　不能覺知
我常念佛　樂見世尊　常作誓願　不離佛日
我常於地　長跪合掌　且心戀慕　欲見於佛
我常備行　最上大悲　悲泣雨淚　欲見於佛

我常渴仰　欲見於佛　為是事故　憂火熾然
唯願世尊　賜我慈悲　清冷法水　以滅是故
世尊慈愍　悲心无量　願使我等　常得見佛
世尊常護　一切人天　是故我今　渴仰欲見
聲聞之身　猶如虛空　炎幻響化　如水中月
衆生之性　如夢所見　如来行處　如淨琉璃
入於无上　甘露法處　能與衆生　无量快樂
如来行處　微妙甚深　一切衆生　无能知者
五通神仙　及諸聲聞　一切緣覺　亦不能知
我今不疑　佛所行處　唯願慈悲　為我現身
尒時世尊　從三昧起　以微妙音　而讚歎言
善哉善哉　樹神善女　汝於今日　快說是言
金光明經囑累品第十九
尒時釋迦牟尼佛從三昧起現大神力以右

尒時釋迦牟尼佛從三昧起現大神力以右
手摩諸大菩薩摩訶薩頂與諸天王及龍王
二十八部散脂鬼神大将軍等而作是言我
於无量百千万億恒河沙劫脩集是金光明
微妙經典汝等當受持讀誦廣說此法演於
閻浮提內无令斷絶若有善男子善女人於
未來世中有受持讀誦此經典者汝等諸天
常當擁護當知是人於未來世无量百
千人天之中常受快樂於未來世值遇諸佛疾
得證成阿耨多羅三藐三菩提
尒時諸大菩薩及天龍王二十八部散脂大
将等即從座起到於佛前五體投地俱發聲
言如世尊勑當具奉行如是三白如世尊勑
當具奉行於是散脂大将軍而白佛言如世

尊若後末世中有受持是經若自書若使
人書我當與此二十八部諸鬼神等常當
隨侍擁護隱蔽其身是說法者皆悉消滅
諸惡令得安隱顛不有處
尒時釋迦牟尼佛現大神力十方无量世界
皆六種震動是時諸佛皆大歡喜囑累是典
故讚美持法者現无量神力於是无量无
邊阿僧祇菩薩大衆及信相菩薩金光金
藏常悲法上等及四天大王十千天子與道
場菩提樹神堅牢等及一切世間天人阿脩
羅等聞佛所說皆發无上菩提之道踊躍
歡喜作礼而去

金光明經卷第四

金光明經卷第四

BD00490 大乘百法明門論開宗義決

（唐）曇曠 撰

BD00490v 陰陽六十甲子

74.4cm × 31.7cm

毋若言是者即汝所言无父无母不應道理為父為母時即非男女為
男為女時即非父母故約現身不乏過故此所言不應道理「說婆羅門
最勝等者謂鬪諍劫諸婆羅門貪於名利及恭敬故作如是計婆羅門
是其最勝剎帝利子等是下劣種白色黑色當知亦然是梵王子梵王口
生剎帝利等從於臍膝脚跟處生婆羅門種可得清淨性能修習真
梵行故今應問彼計最勝者婆羅門種有父母不若言无者應是化生
汝謗現事不應道理若言有者言修梵行餘不能修不應道理又從種故
名之為勝為從戒聞得名為勝若由種類故為勝者汝論中說由祠祀中天
勝戒勝不應道理若由戒聞得名勝者說婆羅門是最勝種餘是下劣
不應道理「執雞狗等諸戒清淨等者謂有外道得世通見雞狗牛死已
生天或見露形或臥灰土或受苦惱得生天上不能善知緣起理故起如是見立
如是論學彼狗等而持彼戒是名清淨皆得生天或有妄執殑伽河婆呼
陁河伽耶耶河殑伽河等其水清淨於中沐浴所有罪障一切除滅皆得生天今
應問彼計清淨者執受淨物行淨行故得清淨耶為受穢物行惡行故得清淨
耶若由執淨牛羊等者世間共許狗惡不淨而汝許執狗惡不淨等戒得清淨

者不應道理若執不淨行惡行故得清淨者自惡不淨能令他淨不應道理又
由内淨故究竟淨為外淨故究竟淨耶若由内者河水沐浴而得清淨不應道理若由外
者内具垢惑但除外垢不應道理　從日月星常行供養者等謂有獲得世間靜慮世
間同謂是阿羅漢世人有欲自在快樂所祈求者便往請問然彼不知業報相應緣生
道理但見世間日月薄蝕星宿失行尒時衆生淨不淨業果報成熟彼即計為日月等作為信
樂者遂立此論今應問彼計吉祥者世間所有興衰等事為是日月星度等作為淨不淨業
作耶若但日月等作者現見隨造福非福業興衰等不應道理若由淨穢業所作者言由日月
不應道理
大乘宗異部有廿部等者異部執論偈頌中本十八及本二皆從大衆出无是
然元非我説未來起　本上座大衆等者此義廣如宗輪論疏今應略叙顯
其本末佛滅後百有餘年末兔羅國有一商人婚娶幼妻生一児子顏甚端
政字曰大天商人遠行多歷年歲子既長大母逼行非後聞父還懼而有嫉与
母設計鴆而煞之忠穢既彰共逃他國於彼县見門師羅漢恐泄家事竊請
煞之母後他非李見怨怒悔恚既熾遂又煞之雖造三逆不斷善根投僧出家
望滅重罪既出家已精勤誦習性識聰敏聖教還通王臣道俗无不欽重
既耽名利惡見便生遂自詐稱得羅漢果王迷乞宫請其入宫供養

殺之母後他非事見忍媿悔急既想逆之殺之雖造三逆不斷善根投僧出家
望滅重罪既出家已精勤讀習性識聰敏聖教還通王臣道俗无不欽重
既耽名利惡見便生遂自詐稱得羅漢果王迷凡聖頻請供養見諸宮
女不正思惟於夜夢中漏失不淨弟子浣衣捉而問之既是羅漢寧有漏
失彼矯答言魔嬈故不以彼天魔常惱仏法縱成无學亦被嬈之又諸漏失
有其二種煩惱漏失羅漢即无不淨漏失无學容有我被魔嬈有漏失
焉又彼欲令弟子親附次第許記四沙門果時諸弟子自悟无知所得果
證咸來請問彼答无學亦有无知汝此无知有其二種故染汙无學无學即
无染汙无知者是煩惱鄣能鄣冊令諸衆生受三界身不染汙无知无學
由有不染汙无知者是所知鄣於境不了令諸菩薩及二乘等受變易身汝雖
果不能自知又於一時弟子啓曰曾聞聖者已度諸疑如何我等尚疑
諦實彼答羅漢亦有疑惑汝諸疑惑有二種故隨眠性疑羅漢即无處非處
疑无學由有汝於諦實豈得无疑後諸弟子又復問言諸經說者得真
慧眼自證解脫我等今者如何但由師言悟入彼即答言有阿羅漢由他入

不能自知如舍利子智慧第一佛爲不記當不自知況汝等輩不由他說

雖造罪不起耶見自懷罪重當受何苦要擇所適夜唱苦哉近住弟

子習[illegible]

陰陽六十甲子

甲子乙丑金 丙寅丁卯火 戊辰己巳木 庚午
辛未土 壬申癸酉金 甲戌乙亥火 丙子丁丑水
戊寅己卯土 庚辰辛巳金 壬午癸未木 甲申
乙酉水 丙戌丁亥土 戊子己丑火 庚寅辛卯木
壬辰癸巳水 甲午乙未金 丙申丁酉火 戊戌己亥木
庚子辛丑土 壬寅癸卯金 甲辰乙巳火 丙午丁未水
戊申己酉土 庚戌辛亥金 壬子癸丑木 甲寅乙卯
水 丙辰丁巳土 戊午己未火 庚申辛酉木 壬戌癸亥
水

相生法 木生火 火生土 土生金 金生水

生水水生木　相克法　木克土土克水水克火
火剋金金剋木　相刑法　子刑卯卯刑子寅刑
巳巳刑申申刑寅　丑刑戌戌刑未　辰午酉亥
各自刑　十干　甲乙丙丁戊己庚辛壬癸為干
子丑寅卯辰巳午未申酉戌亥為十二支
陰陽大數法　子午九　丑未八　寅申七　卯酉六
辰戌五　巳亥四　甲己九　乙庚八　丙辛七　丁壬六
戊癸五

圖書在版編目（CIP）數據

中國國家圖書館藏敦煌文獻．第三五册／中國國家圖書館編．—北京：國家圖書館出版社，2024.12

ISBN 978-7-5013-7958-3

Ⅰ．①中…　Ⅱ．①中…　Ⅲ．①敦煌學—文獻　Ⅳ．①K870.6

中國國家版本館CIP數據核字（2024）第036588號

書　　名　中國國家圖書館藏敦煌文獻·第三五册

著　　者　中國國家圖書館　編

項目統籌　魏　崇　殷夢霞

責任編輯　程魯潔　潘　竹　黄　鑫　苗文葉

責任校對　王　哲

出版發行　國家圖書館出版社（北京市西城區文津街7號　100034）

（原書目文獻出版社　北京圖書館出版社）

010-66114536　63802249　nlcpress@nlc.cn（郵購）

網　　址　http://www.nlcpress.com

排版印裝　天津裕同印刷有限公司

版次印次　2024年12月第1版　2024年12月第1次印刷

開　　本　787×1092　1/8

印　　張　36

書　　號　ISBN 978-7-5013-7958-3

定　　價　2800.00圓